RECUEIL
D'ARCHITECTURE
CIVILE,

CONTENANT LES PLANS, COUPES ET ÉLÉVATIONS

DES CHATEAUX,

MAISONS DE CAMPAGNE, ET HABITATIONS RURALES, JARDINS ANGLAIS, TEMPLES, CHAUMIÈRES, KIOSQUES, PONTS, etc., etc.,

SITUÉS AUX ENVIRONS DE PARIS ET DANS LES DÉPARTEMENS VOISINS,

AVEC LES DÉCORATIONS INTÉRIEURES, ET LE DÉTAIL DE CE QUI CONCERNE L'EMBELLISSEMENT DES JARDINS;

Ouvrage composé de 121 Planches grand in-folio, accompagné d'un texte explicatif;

Par J. Ch. KRAFFT, Architecte et Dessinateur.

NOUVELLE ÉDITION.

à Paris,

Chez BANCE aîné, Éditeur, Marchand d'Estampes, rue Saint-Denis, N°. 214.
IMPRIMERIE DE DUCESSOIS, RUE SAINT-JACQUES, N°. 67.

1829.

PRÉFACE.

L'ouvrage que nous publions aujourd'hui contient les plans, élévations et détails de plus de cent édifices d'un genre agréable, élevés la plupart dans les environs de Paris et des grandes villes de la France, par les plus célèbres architectes, presque tous encore vivans.

Cette Collection est du plus grand intérêt pour tous les architectes, tant ceux qui sont consommés dans leur art, que ceux qui peuvent encore étudier ; et pour tous les artistes en général, tels que les sculpteurs, les peintres, les décorateurs des jardins et des fêtes, ainsi que pour tous les hommes dont le goût est exercé et délicat.

L'architecture ne se montre pas ici sous ces formes sévères et nobles qui inspirent une respectueuse admiration, par la présence des beaux ordres grecs et romains, par la juste proportion de leur hauteur, constamment déterminée sur un modèle invariable, ou par la gravité de son ordonnance, lors même que les ordres n'y président pas.

Ce ne sont plus de vastes palais élevés dans la capitale des Empires pour l'habitation des souverains; ce ne sont plus des temples, des basiliques, des métropoles, consacrés au culte des dieux; ce ne sont plus des monumens d'une étendue immense, destinés aux grandes administrations publiques, ou aux besoins généraux d'une nombreuse population.

Les châteaux du Louvre et des Tuileries, de Fontainebleau, d'Ecouen, du Luxembourg, sont les fruits du talent des Philibert Delorme, Pierre Lescot, Ducerceau, Debrosse, et plusieurs autres architectes qui vivaient sous le règne des Médicis. Sous Louis XIV, les Mansard, les Leveau, les Bruant, les Bullet, les Perrault ont éternisé leur siècle par la construction des Invalides, du Val-de-Grâce, des places de Vendôme et des Victoires, des châteaux de Versailles, de Saint-Cloud, de Trianon, de Choisy, de Marly, dont les jardins ont encore été tracés par le célèbre le Nôtre. Ces grands et nombreux édifices nous représentent l'architecture de ce temps-là dans toute sa majesté, et, pour ainsi dire, en long manteau de cour. Il restait à la présenter en habit de fête, en costume léger, errante à la campagne, ou s'égayant dans les jardins de Flore, jouant avec les Grâces, parée de tous leurs charmes, et de tout ce que l'imagination la plus féconde, la plus variée, peut offrir au goût délicat des Français.

Entre les pays les mieux habités, nous avons parcouru Passy, Auteuil, Boulogne, Meudon, Saint-Cloud, Versailles, Marly, Saint-Germain, Malmaison, Courbevoie, Choisy, Montmorency, Sarcelle, Epinay, le Raincy, Douay, Brunoy et plusieurs autres. Nous avons enlevé, pour ainsi dire, de ces lieux charmans les propriétés les plus intéressantes, qui nous ont été ouvertes de la meilleure grâce. Nous avons levé les plans de quelques châteaux et maisons de campagne ; nous avons dessiné dans les parcs et les jardins des pavillons turcs et chinois, des chaumières, des fermes d'agrément, des temples à l'Amour, à Bacchus, à l'Hymen, au Silence; des Kiosques, des fabriques flamandes et anglaises, des ponts, des volières, des serres chaudes, des glacières, des chapelles et des tombeaux gothiques ; des rochers et des chutes d'eaux ; et nous avons joint à l'ensemble de tous ces dessins d'autres dessins sur une échelle double, pour en faire mieux connaître les détails, et souvent même les constructions.

Toutes ces productions du génie, de l'imagination, de la fantaisie même, ont cela de particulier, que les personnes pour qui l'architecture est généralement froide et sans intérêt, les parcourront avec plaisir, et s'attacheront à plusieurs par un sentiment naturel et involontaire. Elles y remarqueront, tantôt une distribution infiniment heureuse et commode, dans un emplacement fort resserré, même dans l'enceinte d'un tambour de colonne ou ruine, et tantôt des élévations charmantes par leurs formes nouvelles et pittoresques.

Quoique tous ces dessins ne soient gravés qu'au trait, la manière que nous avons adoptée dans cette collection, de les accompagner de masses d'arbres qui leur servent de fond, et

PRÉFACE.

présentent ces petits édifices comme élevés dans des jardins soignés ou dans des vallées riantes, leur donne un attrait séduisant qui invite l'homme riche à les réaliser dans ses propriétés.

Ce Recueil sera encore fort utile à un grand nombre d'architectes. On peut être très-instruit dans beaucoup de parties de l'architecture, et n'être pas doué par la nature de ce génie créateur, de cette fécondité, de cette imagination brillante et variée, qui ne s'acquiert point, et dont les productions se trouvent en abondance dans cette Collection. Aujourd'hui que la mode et l'inconstance du goût ont tant d'empire sur toutes nos jouissances, il sera intéressant pour les Artistes d'y trouver autant de compositions à choisir, pour embellir les parcs et les jardins des châteaux et des maisons de campagne dont ils seront chargés.

Mais il est temps et il est juste de rendre hommage aux auteurs de ces productions, et c'est en les nommant que nous croyons en augmenter le prix. Leur nom sera placé en tête de chaque description; mais, ne pouvant ici les nommer tous, nous nous faisons un devoir et un plaisir de citer ceux qui ont le plus contribué à l'exécution de ces chefs-d'œuvre de l'art et du goût le plus exquis.

Parmi ceux qui n'existent déjà plus, nous devons des hommages aux talens de Ledoux, Moitte, de Wailly, Soufflot, Mandar, Le Roy, Regnard, Sobre, Chalgrin, et quelques autres; et, parmi ceux qui existent, nous en devons également à MM. Bellanger, Gisors-Bien-Aimé, Happe, Alavoine, Courtépée, et plusieurs autres.

M. Bellanger surtout, qui a fait tant de choses agréables en ce genre, mérite la plus grande part à notre reconnaissance. La maison et les jardins de Sainte-James, à Neuilly, près le bois de Boulogne, dont il a été chargé, ont fait l'objet de dix-huit Planches ou trois Livraisons entières; et ceux de Bagatelle, qu'il a commencés et terminés en soixante-trois jours, occupent encore six Planches ou une Livraison entière. En rendant justice aux talens de tous ces Artistes, nous ne pouvons pas nous dispenser de témoigner à ces derniers nos remercîmens du zèle et de la complaisance qu'ils ont apportés au succès de cette entreprise, en nous procurant tous les renseignemens et tous les moyens, soit d'entrer dans les lieux mêmes, soit en nous communiquant leurs dessins avec autant de grâce que nous avons mis d'exactitude à les copier fidèlement.

RECUEIL
D'ARCHITECTURE CIVILE.

PLANCHE PREMIÈRE.

PAVILLON DE LOUVECIENNE, PRÈS SAINT-GERMAIN,

Bâti pour madame Dubarry; par Le Doux, *architecte.*

La situation de ce pavillon sur le haut de la montagne de Marly le fait apercevoir de fort loin, et de beaucoup d'endroits. Elle lui procure également une vue très-étendue, et infiniment agréable, sur les bords de la Seine.

Ce pavillon, isolé de toutes parts, est construit sur un plan carré. Il est élevé d'un étage souterrain destiné aux cuisines et offices, et d'un seul rez-de-chaussée. Sa distribution se compose d'un portique d'entrée demi-circulaire, salle à manger, salon de compagnie, salon de jeu, boudoir et autres petites pièces de dégagement.

La décoration des deux faces sur la cour et sur le jardin présente sur chacune un péristyle de quatre colonnes d'ordonnance ionique. Le tout est terminé par une balustrade sur les quatre faces.

L'intérieur est richement et agréablement décoré d'ordres d'architecture, bas-reliefs, statues et boiseries très-ornées.

(Voyez les détails en grand, Planche VI.)

PLANCHES II et III.

MAISON DES CHAMPS, A PANTIN,

Bâtie pour M. de la Ballue, américain; par M. Bellanger, *architecte, en* 1785.

Dans un terrain fort resserré, qui ne permettait pas de former un jardin, M. Bellanger a su, par une distribution fort ingénieuse des masses, procurer à cette maison de la promenade et de la verdure, au moyen d'une terrasse qui règne en demi-cercle autour de la cour, au-dessus des remises et des écuries, de plain-pied à l'appartement du premier étage.

Derrière ce demi-cercle, dans les deux angles, sont plantés des massifs d'arbres qui donnent du couvert et de l'ombrage à cette terrasse, à laquelle on communique du salon par un pont qui traverse la cour.

La décoration extérieure des faces est simple; les ordres d'architecture n'y président pas.

Du côté de l'entrée, trois croisées à la manière de Palladio, et deux niches dans les trumeaux avec des statues, et des bustes au-dessus, en font toute la décoration. Du côté de la campagne, où la face est sur un plan circulaire, quatre croisées sont ornées de chambranles avec corniches, et l'appareil de la construction est tracé sur toute son étendue. Cette simplicité est néanmoins agréable, comme toutes les productions de M. Bellanger.

(Voyez les détails en grand, Planche VI.)

PLANCHE IV.

MAISON DE CAMPAGNE, PRÈS NOYON,

Bâtie pour M. Vincents; par M. Olivier, *architecte.*

Cette maison forme un pavillon carré, isolé, au milieu d'une grande cour; deux grilles sont aux deux côtés: elles donnent entrée à deux potagers, qui conduisent au jardin d'agrément, lequel est séparé de la cour par un bâtiment servant aux remises et aux écuries.

Cet ensemble est assez bien distribué; cependant ce bâtiment qui sépare la cour et le jardin de celui d'habitation, et qui en masque la vue, nous semblerait mieux placé sur l'un des côtés.

La distribution intérieure en est commode, agréable et complète.

La décoration extérieure est aussi fort agréable; on y remarque une ordonnance de pilastres d'une composition élégante, des bas-reliefs et des ornemens de bon goût. Le bel appartement est aussi orné avec grâce et richesse.

(*Voyez les détails en grand*, Planche VI.)

PLANCHE V.

FABRIQUES FLAMANDES EXÉCUTÉES AU PARC DU RAINCY.

EN architecture, on nomme fabriques, de petits édifices répandus dans les parcs, et même dans les jardins d'une certaine étendue, pour les orner et en varier les aspects.

Ils représentent, par leur forme ou par leur décoration, les constructions accessoires d'une grande propriété, telles qu'une grange, un moulin, une bergerie, une laiterie, une glacière, etc. Ces petits édifices paraissent ordinairement construits avec économie, en bois, en brique ou en pisé, comme il s'en voit beaucoup en Flandre.

Les architectes modernes ont quelquefois adopté ce genre pour les maisons de campagne d'habitation, qui n'en sont pas moins solidement construites, soit de pierre, soit d'autres matériaux d'une longue durée.

Elles sont élevées de plusieurs étages composés d'appartemens complets, et l'on y trouve des caves, et toutes les dépendances nécessaires pour l'habitation d'un propriétaire aisé.

La Planche V en offre deux exemples. Toute la construction paraît être en bois de charpente, dont les intervalles sont remplis en briques.

L'un des deux bâtimens est entouré d'un balcon régnant en dehors sur les quatre faces, auquel on arrive par deux rampes d'escalier hors d'œuvre, indépendamment de celui qui est dans l'intérieur; et le tout est couvert d'un toit très-saillant hors le nu des faces.

PLANCHE VI.

CETTE Planche représente, tant en face qu'en profil, et sur une plus grande échelle, les fragmens ou les détails des parties de décors des maisons qui sont gravées aux Planches I, II, III et IV.

Les corniches, les chapiteaux, les frises, les archivoltes, les bas-reliefs, et les ornemens de ces quatre maisons, y sont dessinés avec une pureté et une grâce qui satisfont également l'artiste et l'amateur.

PLANCHE VII.

CHATEAU DE M. LE PRÉSIDENT D'HORMOIS, EN PICARDIE,

Bâti par M. HUVÉ, *architecte, en* 1780.

L'APPARTEMENT de représentation élevé au-dessus de l'étage souterrain est d'une grande beauté : on y remarque cinq grandes pièces très-belles, qui sont une antichambre, une salle à manger, et trois salons pour recevoir, pour jouer, et pour faire de la musique.

La salle à manger notamment, qui occupe le centre du bâtiment, est circulaire; elle a beaucoup d'élévation; elle est terminée par une grande coupole éclairée d'une lanterne, et décorée d'une ordonnance ionique.

Le premier étage est composé de beaucoup de chambres à coucher, et petites pièces en dépendant, qui sont dégagées par un corridor commun.

PLANCHE VIII.

MAISON DE M. DE MÉZIÈRES, A AUBONNE, VALLÉE DE MONTMORENCY,

Par LE DOUX, *architecte*.

CETTE maison, quoique bâtie par un très-habile architecte plein de génie et de goût, n'offre rien de remarquable. Son plan est carré. Une grande ordonnance dorique, élevée sur un soubassement de plusieurs marches, et sous un même entablement, décore les deux principales faces : celle d'entrée présente un péristyle en avant-corps, couvert d'un grand fronton; deux niches avec figures accompagnent cet avant-corps. L'autre face sur le jardin est seulement enrichie par l'appareil de la construction, qui est tracé sur toute son étendue, et qui fait fond à l'ordonnance.

Cette décoration est sage et régulière.

PLANCHE IX.

MAISON CONSTRUITE DANS L'ENCLOS DU COUVENT DES CARMÉLITES,

PRÈS BEAUVAIS,

Par M. Bellanger, architecte.

On doit supposer que M. Bellanger a eu quelque raison que nous ignorons, pour séparer le corps de bâtiment d'habitation de la cour d'entrée par le jardin; autrement cette disposition nous paraîtrait un défaut grave. Il est très-incommode dans le mauvais temps, en descendant de sa voiture dans la cour, de faire à pied toute la longueur du jardin pour arriver aux appartemens. Nous ne voyons pas ce qui empêchait de placer le bâtiment immédiatement après la cour, et le jardin ensuite.

Au surplus ce jardin paraît disposé d'une manière agréable, et orné de quelques petits monumens où se montre toujours le talent de M. Bellanger.

PLANCHE X.

AUTRE MAISON, DANS LE MÊME ENCLOS,

Par le même architecte.

Il y a peu de choses à dire encore sur cette maison; la face d'entrée seulement offre un péristyle de trois arcades qui reposent sur quatre colonnes isolées. L'appareil de la construction fait un fond sur lequel les colonnes ressortent avantageusement.

Cet ordre est élevé sur des masses de rochers à la hauteur de l'étage souterrain, et l'édifice est couronné d'un grand fronton. La seconde face est à peu près pareille; elles sont toutes deux d'un goût agréable.

PLANCHE XI.

DEUX MAISONS DE CAMPAGNE.

La première est bâtie par M. Gisors, architecte. Elle est fort petite : elle est décorée dans le genre des fabriques flamandes dont nous avons parlé; elle paraît construite en terre ou en pisé, comme les chaumières.

La seconde est bâtie pour M. Villard, au bas de Meudon, par M. Leclerc, architecte.

La seule face, du côté du jardin, qui soit représentée, est d'une jolie composition.

PLANCHE XII.

DEUX CHAUMIÈRES,

Construites par M. Bellanger; la première à Ville-d'Avrai, dans le jardin de M. Thierry; la seconde à Santeny, dans le jardin de M. Bellanger.

Ces deux petits édifices ont très-peu d'étendue : ils ne sont composés chacun que de trois pièces au rez-de-chaussée; savoir, une chambre à coucher, un salon et une cuisine, qui sont précédées d'un petit péristyle. Une chambre ou deux sont au-dessus, où l'on arrive par un escalier au dehors.

Les murs sont construits (au moins en apparence) en pisé avec des chaînes de pierre ou de grès. Les portes et les croisées sont fermées par des cintres ou des plates-bandes de briques; les escaliers, les balcons et leurs balustrades sont de bois en grume, comme ils sortent des forêts : les combles sont de même, et couverts de chaume. On voit pourtant, à côté de ces constructions rustiques, des colonnes de pierre et leurs chapiteaux. L'intérieur des pièces est revêtu de lambris ornés de panneaux et de corniches.

Le plan de ces édifices est très-irrégulier, et les élévations ne le sont pas moins. Mais toutes ces irrégularités, toute cette simplicité rustique, ont un effet pittoresque et un charme qui plaît et qui réjouit, parce qu'elles sont le fruit du génie et du goût qui ont su embellir la nature au point qu'on la préfère à l'art, lors même qu'il se montre dans tout son éclat. Il semble aussi que ce génie soit propre à M. Bellanger, car il est celui des architectes qui a le mieux réussi dans ce genre aimable.

PLANCHE XIII.

MAISON AU BAS DE MEUDON, SUR LE BORD DE LA SEINE,

Bâtie par M. Huvé, *architecte, dans sa propriété.*

Le plan général de cette propriété présente une distribution des masses bien entendue. Le corps du bâtiment d'habitation est situé presqu'au milieu d'un grand jardin clos de murs. Il offre des carrés de potager pour l'utile, des gazons et des bosquets couverts pour l'agréable, au milieu desquels se trouve un bassin. Les basses-cours, et tout ce qui en dépend, sont en avant, près la porte d'entrée.

Le bâtiment d'habitation, quoiqu'un peu tourmenté dans la forme de son plan, est cependant d'une distribution très-régulière, commode et à peu près complète. Elle se compose de quatre grandes pièces d'égales dimensions, et de quatre petites aussi égales entre elles. Ce bâtiment est terminé par un belvéder.

La décoration extérieure des deux faces principales consiste simplement dans des soins d'appareil tracés sur toute l'étendue. Celle du côté de la cour a de plus les trois croisées ornées de chambranles et de corniches, un grand bas-relief au-dessus, et un grand balcon au-devant.

PLANCHE XIV.

PAVILLON DE MADAME ÉLISABETH, A VERSAILLES,

Par M. Chalgrin, *architecte.*

La distribution en est régulière, mais les avant-corps et les pans coupés multipliés que le plan présente sur les faces extérieures, sont peu favorables à leur décoration. Généralement les angles obtus, et le raccourci des faces qui se voient obliquement ne sont pas agréables.

Les corps de refend qui couvrent totalement les faces de ce pavillon, qui ont peu d'étendue, lui donnent aussi un caractère sévère, qui paraît peu convenable à une petite maison d'agrément.

Ces observations ne nous empêchent pas de reconnaître dans cette composition, comme dans toutes celles de M. Chalgrin, le talent qui a justement fait sa haute réputation.

PLANCHE XV.

MAISON DE CAMPAGNE DE M. FINAL, PRÈS MARLY,

Par M. R........., *architecte.*

Le bâtiment principal est situé entre cour et jardin, avec passages réservés aux deux côtés pour aller de l'un à l'autre. Un étage souterrain, un beau rez-de-chaussée et un premier étage composent toute l'élévation de ce bâtiment.

La distribution est ordinaire et assez complète. Sur les quatre faces est tracé l'appareil de la construction. La face d'entrée est décorée d'un péristyle de pilastres en saillie couronné d'un fronton, avec chambranles et corniches aux croisées du rez-de-chaussée. La face sur le jardin est aussi décorée d'un grand ordre de pilastres ioniques. Dans le fronton est sculpté un bas-relief; la frise est ornée de guirlandes légères et autres ornemens.

Tout l'édifice est couronné d'une belle corniche dorique sur les quatre faces, qui sont généralement fort agréables.

PLANCHE XVI.

MAISON DE CAMPAGNE, SITUÉE A SCEAUX,

Appartenant à M. d'Epinay; par M. Soufflot le Romain, *architecte.*

Cette maison présente le plan d'un pavillon carré. La distribution et l'élévation sont à peu près pareilles à la précédente. Au centre est une salle de billard d'un plan circulaire, ouverte dans le premier plancher, et entourée d'une tribune. Elle est éclairée par une grande lanterne.

Les quatre faces sont pareillement décorées d'un grand avant-corps couronné d'un fronton, et en outre d'un petit ordre de pilastres ou gaine, avec corniche, sur laquelle repose un grand arc et deux petites plates-bandes à la manière de Palladio.

Le jardin offre les agrémens d'une petite rivière, d'un pont et de quelques monumens.

PLANCHES XVII et XVIII.

MAISON DE M. MOITTE, A MANTES,
Par M. Happe, architecte.

Cette maison est importante par son étendue, par sa décoration extérieure, et par les richesses des arts qui sont répandues dans son intérieur.

Des ordres de colonnes, des statues, des bas-reliefs en décorent les péristyles et les croisées, ainsi que les vestibules et les salles de représentation. Toutes les pièces principales sont en outre enrichies de différens sujets de sculpture et de peinture, qui remplissent de grandes frises, les cintres des arcades, les dessus de portes et les panneaux des lambris.

Le salon de compagnie et la salle à manger sont terminés dans leur élévation par de grandes coupoles très-ornées de caissons, de draperies et d'ornemens de plus d'un genre; et tout y est dessiné avec beaucoup d'art et de goût.

PLANCHES XIX, XX et XXI.

MAISON DE CAMPAGNE, A COURBEVOYE,
Appartenant à MM. Piau et Conseil, Négocians; par M. Bien-Aimé, architecte.

La distribution générale des masses de bâtimens, des cours, du jardin et de leurs dépendances, est aussi bien entendue, sous le rapport des convenances et de la commodité, que la distribution intérieure des appartemens. Celui du rez-de-chaussée est précédé, sur la cour et sur le jardin, par deux terrasses, bornées à leurs extrémités par les deux pavillons, formant avant-corps. Du jardin l'on monte au premier étage par deux grandes rampes droites, de vingt-un pieds de largeur, construites au devant de ces avant-corps, à la manière de celles qui sont à l'orangerie de Versailles.

Les quatre faces de ce bâtiment sont également intéressantes et agréables, par leurs belles masses, par leurs proportions, et par une disposition nouvelle, régulière et très-pittoresque.

Elles sont ornées d'une très-belle corniche dorique, de frontons, de frises et de bas-reliefs parfaitement bien dessinés. Le devant des deux terrasses, les deux grandes rampes et toutes les arcades de l'étage en attique, sont encore parés d'un grand nombre de vases de fleurs sur leur piédestal ou socle. Enfin toute cette composition a le charme et la gaîté qu'on aime à trouver en tout à la campagne; et elle porte le cachet du talent et du bon goût.

L'une des trois Planches appartenantes à cette maison, représente sur une plus grande échelle les profils des corniches et des chapiteaux, celui des chambranles des croisées, et les dessins des bas-reliefs qui sont sculptés dans les frises et dans les frontons, au moyen desquels on peut juger du mérite de leur composition.

PLANCHES XXII et XXIII.

CHATEAU DE MEUDON,
Appartenant à M. de T........; par M. Mandar, ingénieur en chef des ponts et chaussées.

Cet édifice est plutôt un pavillon de plaisance qu'un château proprement dit. Il est néanmoins assez complet sous le rapport de l'habitation; il est élevé au milieu d'une grande terrasse, qui a pour promenade couverte quatre berceaux de vigne à l'italienne. Cette terrasse est elle-même située au milieu d'un grand jardin, dont la partie en deçà du bâtiment est plus élevée d'un étage souterrain que la partie au delà.

Ce corps de bâtiment, qui est isolé de toutes parts, est décoré sur les deux faces principales d'un avant-corps de quatre colonnes d'ordonnance ionique, comprenant la hauteur totale du bâtiment, avec corniche et fronton.

La face du côté du plus bas jardin se trouve élevée sur un soubassement de corps de refend d'un beau caractère. Un grand arc cintré en cul de four au milieu renferme un bassin, d'où sort une nappe d'eau qui retombe dans un autre bassin. Cet arc donne jour à une salle de bains qui est derrière; elle est entourée de rochers en forme de grotte.

Ce bâtiment est terminé au-dessus du comble par un amortissement et par une lanterne très-ouverte, qui sert à éclairer une grande antichambre commune qui s'élève du rez-de-chaussée jusque sous le comble, et qui est coupée au droit du plancher par une tribune régnant au pourtour, et servant de communication aux pièces du premier étage.

Sur la Planche XXIII sont dessinés plus en grand les deux bas-reliefs qui décorent le fond des deux péristyles d'entrée. L'un représente des danseuses, l'autre des jeux d'enfans ; ils sont tous deux d'une agréable composition.

PLANCHE XXIV.

DEUX PETITES MAISONS DE CAMPAGNE,

Par M. Lamel, *adjudant-général.*

Ces deux petites maisons sont composées dans le genre des fabriques flamandes dont nous avons déjà parlé avec assez d'étendue pour ne pas nous répéter ici, et dont cette Planche donne des exemples.

Les plans comme les élévations sont irréguliers ; la construction en paraît rustique : elle présente néanmoins des pilastres et leurs chapiteaux ; et, à côté d'une croisée grossièrement bandée en claveaux de briques, on en voit une autre ornée de chambranle et de corniche. Les combles ne s'accordent pas non plus de hauteur. Cependant ces mélanges de genre et ces irrégularités ont un effet pittoresque et champêtre qui plaît peut-être moins par une beauté réelle que part l'originalité et la variété. Ces sortes de compositions ont besoin d'être dirigées par le goût, et il a présidé à celles-ci.

PLANCHES XXV et XXVI.

MAISON DE CAMPAGNE, PRÈS MALMAISON,

Par M. Mandar, *architecte, ingénieur en chef des ponts et chaussées.*

Cette maison est agréable ; mais elle ne présente rien d'assez remarquable pour qu'il en soit fait une description détaillée. C'est pourquoi nous ne faisons mention seulement que des eaux qui paraissent venir du jardin ; elles alimentent deux bassins placés sur les péristyles des deux faces principales, une salle de bains et les autres endroits où elles sont nécessaires au service de la maison.

PLANCHES XXVII et XXVIII.

CHATEAU DE MONTUMFARD,

Bâti pour M. Voyer-d'Argenson, *par M.* de Wailly, *architecte.*

M. de Wailly était doué d'un génie fécond, et d'une imagination quelquefois exaltée. La plupart de ses compositions portent l'empreinte de l'originalité, mais toujours vaste et tendante aux plus grands effets, auxquels il sacrifiait souvent l'agréable, quelquefois même l'utile, ou au moins les commodités domestiques.

Ce château nous paraît en fournir un exemple : quoiqu'il ait vingt-quatre toises de face sur sept de profondeur, il n'offre néanmoins que le logement d'un seul maître, et pas un seul appartement d'ami. Mais celui du maître est tout en représentation ; tout y est grand, magnifique, et annoncerait presque le palais d'un souverain, si tout ce qui y manque pour cela y était ajouté.

Au centre du bâtiment est un cercle parfait, renfermant un vestibule de vingt-quatre pieds de diamètre, autour duquel se développent quatre rampes d'escalier de cinq pieds de largeur ; elles arrivent par deux portes au premier étage, dans un grand salon d'été, lequel donne entrée par deux autres portes, à droite et à gauche, à un grand et bel appartement. Mais ce salon le coupe en deux parties, tellement qu'elles n'ont pas entre elles d'autre communication, ni au rez-de-chaussée, ni au premier étage.

Les deux extrémités du bâtiment forment sur chacune des deux faces, qui sont pareilles, deux avant-corps séparés de la rotonde du milieu par deux pièces qui font retraite en arrière-corps.

La distribution du rez-de-chaussée se compose, à gauche du vestibule, d'une antichambre, une salle à manger, un salon, une chambre à coucher, une petite baignoire, et un escalier qui monte de fond.

Et à droite du même vestibule, un grand commun, une cuisine, un office, un lavoir, et un garde-manger.

La distribution du premier étage se compose, à gauche, du grand salon d'été, d'un appartement tout pareil à celui au-dessous ; et à droite, d'une grande pièce qu'on nomme buffet, une très-grande salle à manger, une chambre à coucher, un beau boudoir, une petite garderobe, et un petit escalier d'entresol.

Le grand salon d'été est décoré d'un double rang de vingt-quatre colonnes d'ordonnance dorique, élevées sur les deux murs qui renferment les quatre rampes d'escalier qui descendent au-dessous ; mais ce qu'il y a de très-remarquable, c'est que six des entre-colonnemens du rang extérieur, qui donnent immédiatement sur le dehors, sont sans aucune fermeture ni vitrage, et que tous ceux du rang intérieur sont de même, ce qui constitue bien réellement salon d'été. Il est au surplus décoré d'une belle corniche d'entablement, de niches et de caissons dans la coupole. Les deux pièces contiguës à droite et à gauche sont aussi très-élevées et très-décorées, ainsi que la salle à manger et le boudoir où les ordres président.

Les deux faces extérieures présentent une seule ordonnance élevée sur un soubassement, le tout ayant un beau caractère et un grand effet.

PLANCHES XXIX et XXX.

La distribution irrégulière et pittoresque, que les architectes modernes ont adoptée depuis environ trente à quarante ans pour nos jardins français, à l'instar de ceux d'Angleterre, leur a donné les moyens d'y introduire de petits édifices dont le goût seul a tracé les formes et les a variées à l'infini.

Indépendamment des statues, des vases, des bassins, des cascades, ils y ont élevé des temples à l'Amour, à l'Amitié, à Bacchus, etc.

Les rivières qui coulent et qui serpentent dans ces jardins ont nécessité des ponts plus ou moins grands, plus ou moins beaux, pour les traverser; les sources, les citernes, les glacières, les grottes, les passages souterrains, les ont forcés à en décorer les entrées, soit pour les cacher en apparence, soit pour terminer agréablement un point de vue à l'extrémité d'une allée ou d'une pièce de gazon.

Ceux que présentent les deux Planches XXIX et XXX sont une fontaine, un temple à l'Amitié, l'entrée d'un souterrain et trois ponts, tous construits dans le jardin du château de M. Thierry à Ville-d'Avray, sur les dessins de M. Lefebvre, architecte.

Les dessins qui les représentent en plan, en élévation, et en coupe, étant sur une assez grande échelle pour que l'on puisse facilement en distinguer tous les détails, nous nous sommes dispensés d'une description qui nous semble inutile.

PLANCHES XXXI, XXXII, XXXIII, XXXIV, XXXV et XXXVI.

PROPRIÉTÉ RURALE,

Appartenant à madame Bellanger, à Santeny, département de Seine et Oise; par M. BELLANGER, architecte.

CETTE propriété fait l'objet de six Planches.

La première présente le plan général de la propriété.

La seconde, les plans particuliers du rez-de-chaussée et du premier étage du bâtiment d'habitation, une élévation de la face du bout qui donne sur un chemin bas, une coupe transversale du bâtiment; le plan, la face et le profil d'un pont construit dans le jardin.

La troisième Planche fait voir les élévations des deux grandes faces.

La quatrième, le plan général et celui particulier de la ferme, avec les élévations et coupes.

La cinquième, les détails des différentes fabriques, exécutées dans le jardin.

La sixième, les plans et élévations de deux pavillons, l'un chinois, destiné à des bains, l'autre dédié à Bacchus; et enfin les dessins de l'entrée de la vigne.

Le plan général, Planche XXXI, présente avec exactitude la situation des bâtimens d'habitation, de ceux de dépendance, et les constructions de pur agrément. On y parcourt de l'œil les potagers, les vergers, les vignes, les bois, les pelouses, les gazons, les berceaux, les pièces d'eau, les champs labourés, et toutes les allées droites et sinueuses qui les séparent, et qui font de ce charmant endroit une promenade variée à l'infini par leur disposition et par les points de vue intéressans qui y sont ménagés.

La table des renvois, écrite sur cette Planche, indique au surplus tous ces objets d'une manière très-précise.

Le corps du bâtiment d'habitation, dont les plans occupent la seconde Planche numérotée XXXII, est simple en profondeur; il contient toutes les pièces nécessaires à la représentation et au service d'une grande maison.

Les élévations des faces extérieures, que l'on voit sur la troisième Planche numérotée XXXIII, sont décorées d'un genre neuf; l'imagination y a eu plus de part que les règles, et même les beautés reçues de l'architecture; deux pavillons aux extrémités ont une forme de pignons gothiques; quelques parties de détail y sont traitées dans le goût des chaumières et des fabriques; nous osons dire même qu'elles ont besoin pour passeport de l'autorité du nom de M. Bellanger.

La ferme, construite à la westphalienne, qui occupe la troisième et la quatrième Planches numérotées XXXIV et XXXV, est importante par son étendue, par la régularité de son plan, et par les constructions accessoires, telles que grange, colombier, laiterie, glacière, bergerie, volière et autres qui se trouvent ingénieusement placées dans ce plan.

Le pavillon des bains chinois près la source, celui dédié à Bacchus, et la porte des vignes occupent la sixième Planche numérotée XXXVI. C'est sur ces différens objets de fantaisie, où l'imagination peut prendre son essor, et développer toutes ses ressources, que le goût exquis s'est exercé avec une fécondité étonnante. La grâce et la légèreté y règnent sans contrainte, les caprices y sont aimables, la variété des formes y est inépuisable.

Nous nous gardons bien d'occuper le lecteur d'une longue et sèche description de tous ces charmans objets, puisque les dessins tels qu'ils sont ici représentés, entourés de masses d'arbres, de fleurs ou de verdure, transportent, pour ainsi dire, celui qui les parcourt dans ces lieux enchantés où ils existent réellement.

PLANCHES XXXVII, XXXVIII et XXXIX.

MAISON DE PLAISANCE, DANS LE GOUT ANTIQUE,

Appelée le Temple du Silence, *près Portenort; bâtie pour M. le comte de Bouville, par* J. V. LEQUEU, *architecte.*

Nous ignorons et nous ne voyons pas pourquoi on a donné à une maison qui est essentiellement, par sa distribution intérieure, une maison d'habitation, le nom, la forme et le caractère d'un temple.

Nous ignorons également, et nous voyons moins encore pourquoi ce temple prétendu est dédié au Silence, car rien ne l'annonce.

Les six femmes, placées sous le péristyle d'entrée, ne paraissent pas être une allégorie assez juste, ni assez frappante pour être facilement comprise.

A la vérité on a placé, au milieu du fronton, entre deux autres femmes symboliques du Commerce et de l'Abondance, un génie qui a le doigt sur la bouche, emblême ordinaire du Silence; mais rien autre chose ne justifie ce nom.

Quoi qu'il en soit, et abstraction faite du nom et des allégories, cet édifice est d'une composition noble, et porte bien le beau caractère des temples grecs des anciens. C'est pourquoi nous allons le décrire d'après les distinctions faites par Vitruve des différens genres et espèces de temples de l'antiquité, en nous servant des expressions propres à chacun, sous le rapport du nombre et de l'espacement des colonnes.

Ce temple est de la troisième espèce admise par les anciens. Il est amphiprostyle, parce qu'il a deux péristyles pareils à ses deux extrémités. Ces péristyles sont octostyles, composés de huit colonnes; et leur espacement étant de deux diamètres, on le nomme *systye*, ou du deuxième genre. L'ordonnance est dorique; elle se continue sur les deux faces latérales avec le même espacement de colonnes qui sont au nombre de douze; mais elles sont liées et engagées aux murs, et ne forment pas de péristyle.

Toute l'ordonnance est élevée sur un soubassement de la hauteur des deux perrons qui précèdent les péristyles. Ces péristyles sont couronnés d'un grand fronton. Dans chaque espace de colonnes est placée une figure de femme sur un piédestal.

Le vestibule d'entrée, la salle à manger, qui est très-grande, et qui occupe le centre et une galerie des antiques qui donne sur le jardin, sont les trois pièces principales; elles sont très-élevées, et richement décorées de colonnes, de statues, de bas-reliefs, de corniches, de frises, de caissons, de draperies, et de tout ce qui peut embellir les intérieurs d'un grand édifice.

La première Planche n°. XXXVII représente le plan; la seconde n°. XXXVIII, la coupe intérieure sur la longueur; et la troisième n°. XXXIX, les deux élévations.

PLANCHES XL et XLI.

Ces deux Planches réunissent encore diverses fabriques et objets d'agrément exécutés dans les jardins de M. Thierry, à Ville-d'Avray, par M. Lefebvre, architecte.

La première Planche, n°. XL, représente les plans, l'élévation et la coupe d'un colombier auquel sont joints un poulailler et une lapinière; d'un petit salon sous la forme d'une chaumière pratiquée dans l'angle aigu de deux murs; et enfin d'une glacière surmontée d'un petit balcon couvert.

La seconde Planche, n°. XLI, représente le portail et le plan d'une chapelle gothique, les détails d'une bascule et d'une balançoire, et l'entourage de deux puits en cascade et en verdure.

Dire encore que tous ces détails sont composés avec un goût exquis, et qu'ils font le plus grand plaisir à voir, c'est se répéter autant de fois que ces sortes d'objets se présentent; mais il est très-vrai qu'ils son très-artistement traités, comme on peut en juger par les dessins de ces Planches.

PLANCHE XLII.

Cette Planche présente le plan, l'élévation et les détails d'un pont construit sur la rivière du parc de Cassan, appartenant à M. Hypolite, par M. Alavoine, architecte.

A neuf toises de distance environ de l'habitation, la rivière traverse le parc. En sortant du salon, on descend par un perron de dix marches dans une place octogone, où aboutissent quatre allées du parc, et le pont qui se présente en face, ensuite duquel est une autre place toute pareille à la première, où viennent aussi se réunir plusieurs autres allées et ce même pont; il est terminé par quatre colonnes; il est vu couvert dans une partie et découvert dans l'autre de son dernier plancher, et les détails y sont tracés sur une assez grande échelle pour être bien sentis.

PLANCHES XLIII et XLIV.

MAISON A SARCELLES,

Restaurée par M. Mandar, ingénieur en chef des ponts et chaussées.

Le bâtiment principal de cette maison est un pavillon carré; il est élevé de quatre étages, y compris le rez-de-chaussée et le souterrain, dans lesquels se trouvent toutes les pièces nécessaires à une habitation commode, et plusieurs chambres à coucher d'amis, bien dégagées les unes des autres.

Ce bâtiment est précédé d'une grande cour et de deux pavillons aux deux côtés de la porte d'entrée; une grande basse-cour et des bâtimens en dépendans, avec bassin.

Au devant du bâtiment principal, côté du jardin, est une grande terrasse couverte d'une treille, d'où l'on descend par deux rampes dans le jardin qui est très-grand, et qui environne l'habitation de toutes parts. Ce jardin offre de grands carrés de potager, entourés de berceaux de vignes à l'italienne; beaucoup de promenades à l'air et à couvert, des bosquets et quelques petits monumens.

La première Planche, n°. XLIII, présente les plans et l'élévation du corps de bâtiment principal.

La seconde Planche, n°. XLIV, fait voir la coupe, avec les plan et élévation de l'un des pavillons d'entrée, et le plan général.

PLANCHE XLV.

DEUX PAVILLONS ET VOLIÈRES,

Exécutés dans le jardin de M. Fortaye, près Marly; par M. L'Abbé, architecte.

Le premier est octogone; il est accompagné de deux volières. Chacun des angles est flanqué d'une petite colonne avec base et chapiteau. La partie du milieu s'élève plus haut que les deux volières, et cette partie est ornée de bas-reliefs et consoles qui portent la saillie du comble.

L'intérieur est décoré de pareilles colonnes dans les angles, d'une frise au-dessus, régnante au pourtour, ornée de figures et de guirlandes. Les panneaux de la coupole sont enrichis d'ornemens.

Le second pavillon est sur un plan carré élevé de deux étages; le premier à rez-de-chaussée est composé de vingt colonnes dont tous les espaces sont en vitrage dans le genre gothique. Le second étage est en retraite sur le premier; il n'est composé que de douze colonnes avec pareils vitrages.

Au milieu, dans l'intérieur, est un petit escalier en vis suspendu, qui arrive au premier. Un balcon règne au pourtour, et la saillie en est soutenue dehors et dedans par des consoles ornées de feuilles, avec des sujets peints dans les intervalles.

Ces deux pavillons sont extrêmement jolis par la forme des masses et par les détails.

PLANCHE XLVI.

DEUX CHAUMIÈRES,

Construites dans les jardins de Chantilly, par Leroy, architecte.

Ce sont deux autres pavillons carrés construits en briques; l'un est percé de trois croisées sur chacune des quatre faces; l'autre ne l'est que d'une seule. Ils sont tous deux couverts en chaume, et entourés d'une galerie couverte aussi en chaume, dont les points d'appui sont des troncs d'arbres en place de colonnes; le pied est enfermé dans des tonneaux qui leur servent de bases, et le haut est terminé en fourche qui reçoit les traverses; des rameaux de vignes, des arbustes, des fleurs sortent de ces tonneaux, et entourent la tige de ces colonnes rustiques, ce qui rend ces petits édifices très-pittoresques et très-champêtres.

Les intérieurs de ces chaumières sont très-richement décorés de peintures, avec beaucoup de goût, l'un dans le genre gothique, l'autre dans le genre moderne.

PLANCHE XLVII.

SERRE CHAUDE,

Construite à Yerres, près Brunoy, dans le jardin de botanique de M. Boursault; par
M. Alavoine, architecte.

Il y a environ trente ans qu'on voyait peu de serres chaudes dans les maisons particulières; on les confondait souvent sous le même nom avec les orangeries. Mais depuis ce temps la botanique s'est accrue et perfectionnée, et il y a aujourd'hui peu de propriétaires aisés qui ne sachent, ou au moins qui n'aiment à cultiver, soit par eux-mêmes, soit par leur jardinier, des plantes exotiques, dont la végétation a besoin d'une plus grande chaleur que celle de notre température naturelle. Il faut à beaucoup de plantes étrangères des pays méridionaux, pour les conserver, ou pour les faire naître en France, une chaleur continuelle de dix, quinze et vingt degrés; et c'est par le moyen des serres chaudes qu'on y parvient.

Plusieurs conditions sont nécessaires à l'établissement d'une serre chaude : son exposition au midi, la nature et la forme de sa construction, pour que les rayons du soleil y pénètrent dans toute son étendue et dans toute leur force; une exacte clôture, une chaleur artificielle produite par la consommation d'un combustible quelconque; et enfin des substances qui portent en elles-mêmes et communiquent aux plantes qu'on y renferme une chaleur naturelle qui en facilite et en hâte la végétation.

Quoique l'artiste qui a du goût sache embellir toutes les formes, néanmoins les serres chaudes sont plutôt des édifices d'utilité que d'agrément dans un jardin, parce qu'elles sont soumises à des formes nécessaires à leur objet, que le goût ou le caprice ne peuvent varier à leur gré.

Il y en a cependant de plusieurs formes, suivant leurs différentes destinations; mais elles ont toutes à peu près les mêmes données de principes dont on ne peut guère s'écarter.

Généralement la grande face exposée au midi, et les deux en retour au levant et au couchant, sont vitrées entièrement. Ce vitrage est incliné en dedans la serre de vingt à vingt-cinq degrés, de manière qu'à l'heure de midi le soleil frappe perpendiculairement sur le verre. Du côté du nord est construit un gros mur bien éperonné et d'une forte épaisseur pour concentrer la chaleur du dedans, pour s'opposer au froid du dehors, et pour soutenir la poussée du comble ou appentis qui s'élève au-dessus. Ce comble doit excéder de deux ou trois pieds le vitrage pour y renvoyer la chaleur.

Dans l'intérieur sont fouillées en terres des baches entourées de murs et remplies de tannée, dans laquelle on enterre les plantes empotées. Aux deux extrémités de la serre sont construits des cabinets où sont placés des fourneaux ou des poêles d'où partent des conduits de chaleur en briques qui circulent autour de la salle, et se réunissent dans un tuyau commun pour l'évaporation de la fumée. Au-dessus des baches on élève aussi quelquefois des gradins en amphithéâtre, que l'on garnit de fleurs, et qui sont exposés au midi.

Les serres doivent être précédées de vestibules à doubles portes, pour empêcher la communication de l'air extérieur en y entrant ou sortant. On pratique cependant des ouvertures garnies de châssis, soit dans le comble, soit dans le gros mur, pour y introduire de l'air à volonté. Il doit y avoir aussi dans l'intérieur des réservoirs d'eau pour arroser les plantes.

Au dehors de la serre qui est ici représentée, et pour l'agrément, on a placé du côté du midi un jardin botanique, et du côté du nord un grand berceau de vigne, et des banquettes de fleurs. Il est en outre orné de figures; au milieu il y a une vasque et un jet d'eau qui retombe dans un bassin.

PLANCHE XLVIII.

DIFFÉRENS DESSINS D'UNE CHAUMIÈRE,

Construite dans le jardin de M. Verffère Arcelorf; par M. Bellanger, architecte.

Au plan circulaire de cette glacière est joint celui d'une laiterie, d'un garde-manger et d'une petite pièce carrée qui communique aux autres. Cette laiterie et ce garde-manger sont placés là à dessein d'opposer du côté du midi un double mur à l'ardeur du soleil, sur l'entrée de la glacière. Dans chacun d'eux on a placé une vasque d'où sort de l'eau qui retombe en nappe dans un bassin.

Cette Planche représente deux élévations et deux coupes; la coupe de la glacière indique même tous les points de centre qui servent à tracer sa courbure intérieure, dont la forme ressemble à celle d'un œuf.

PLANCHE XLIX.

MAISON DE MADAME MICHEL, A CORBEIL,

Restaurée par M. Stouf.

CETTE maison offre au rez-de-chaussée, au premier et au second étages, une distribution complète de toutes les pièces nécessaires à une maison de campagne, pour l'habitation d'un particulier et de quelques amis.

Sa décoration extérieure est aussi fort agréable, sans beaucoup de luxe. Trois croisées de face sont ornées de corniches et de chambranles qui ressortent sur un fond de briques avec encoignures de pierre. Trois frises ornées de sculpture de divers ornemens en partagent la hauteur totale. La porte d'entrée est accompagnée de deux pilastres avec corniche.

PLANCHE L.

MAISON, A ÉTAMPES,

Construite pour madame Lahay; par M. Brigard, architecte.

CETTE maison est à peu près de la même importance et du même genre de décoration que la précédente, à l'exception que la face sur le jardin de celle-ci est décorée d'un péristyle de quatre colonnes ioniques qui embrassent la hauteur totale du bâtiment.

PLANCHES LI, LII ET LIII.

DIVERSES FABRIQUES,

Construites dans le parc du château de Bostoky, près d'Amiens; par Olivier, architecte.

LA première Planche, n°. LI, présente un pavillon qui offre, dans la distribution du rez-de-chaussée, une grande salle de bains décorée, une petite salle à manger, une bibliothèque, un cabinet de physique ayant sortie sur deux terrasses, une petite chambre à coucher, une cuisine et un office.

L'escalier au milieu du terrain en occupe un tiers : il monte jusqu'à un donjon ou belvéder qui termine agréablement cet édifice.

Les deux façades principales sont décorées d'une manière neuve, avec art et une sorte de richesse dans la composition.

L'intérieur de la salle de bains est dessiné en grand avec ses draperies sur cette même Planche.

La seconde Planche, n°. LII, présente deux autres petits édifices destinés, l'un au logement du jardinier, l'autre à celui du garde-chasse. Ils offrent tous deux un porche ouvert qui sert d'entrée à une grande chambre pouvant contenir deux lits, et à une autre pièce servant de dépôt. De petits escaliers y sont pratiqués pour monter à un étage au-dessus, distribué à peu près de même.

Les décorations extérieures des faces sont variées avec un génie et un goût qui les rendent infiniment agréables.

La troisième Planche, n°. LIII, présente une chapelle et une tour dans le goût gothique.

Le plan de la chapelle est octogone; celui de la tour est carré. Ces deux charmantes compositions prouvent que tous les genres sont bons hors celui qui déplaît; mais ce n'est pas le genre gothique, lorsqu'il est traité avec autant d'art et de mérite qu'il y en a dans les deux morceaux qui sont ici représentés.

PLANCHE LIV.

SALLE DE BILLARD, A BELLEVILLE,

Construite pour M. Cochin, inspecteur général des ports de mer; par M. Mandar,
ingénieur en chef des ponts et chaussées.

CETTE salle est décorée dans le genre qu'on nomme chinois, au dehors comme au dedans. Le plan en est simple. Deux porches pareils précèdent la salle aux deux extrémités. Vingt-quatre petites colonnes, également espacées sur toutes les faces, figurent également à l'intérieur comme à l'extérieur, et des vitrages de différentes formes et compartimens en remplissent les espaces. Elle est représentée sur cette Planche par quatre dessins, savoir, le plan, deux élévations et une coupe.

L'artiste a bien saisi le beau du genre.

PLANCHES LV, LVI, LVII, LVIII, LIX et LX.

MAISON, APPELÉE CAZIN DE TERLINDEN, A SGRAWENSEL,

Appartenant à madame la douairière de Meulanaër, par LEQUEU, *architecte.*

CETTE maison est assez considérable par son étendue, par le grand nombre de pièces qu'elle contient, et par la grande décoration de quelques-unes des principales de ces pièces.

Le plan est un parallélogramme qui a de longueur environ deux fois sa largeur. L'entrée principale est à l'une des extrémités par un péristyle en demi-cercle, partie saillante en dehors, et partie rentrée en dedans.

L'antichambre, la salle à manger, le salon et la chambre à coucher, sont les quatre plus grandes et les plus belles pièces du rez-de-chaussée ; elles ont toutes quatre leur sortie sur le jardin par deux grands perrons. Une petite chapelle et un petit salon de jeu font encore partie de cet appartement. Le surplus du rez-de-chaussée est employé à une grande cuisine, un office et à des cabinets de toilette et de garde-robes, passages de dégagement et deux escaliers.

Deux petits corps de bâtimens moins élevés, séparés par une cour, renferment d'autres dépendances, telles que commun, garde-manger, laiterie, lavoir, etc.

Le premier étage est composé de huit petits appartemens ou chambres à coucher, ayant chacune leur antichambre, quelques petits salons de réunion et autres dépendances pour le service ; et tous ces logemens sont séparés et dégagés par une grande galerie au milieu, éclairée du haut et aboutissant aux deux escaliers.

La face d'entrée est décorée d'un grand ordre de colonnes doriques couronné d'un fronton.

Au fond du péristyle est une figure sur son piédestal représentant un génie, et au-dessus un grand basreliefs. Les deux grandes faces latérales sont décorées de petits bustes renfoncés dans les trumeaux entre les arcades du rez-de-chaussée. Des boucliers sont sculptés en relief sur ceux du premier étage.

Les quatre autres Planches relatives à cette maison, et qui avec les deux premières composent le cahier entier, sont des détails sur une plus grande échelle de quelques-unes de ses parties. La Planche LVII présente les dessins de deux faces intérieures de la chambre à coucher, qui sont assez agréables. La Planche LVIII présente deux autres dessins, l'un, de l'autel de la chapelle ; l'autre, d'un siége dans un bosquet, et tous deux d'un goût assez bizarre. Sur la Planche LIX sont tracés tous les détails du grand poêle de la salle à manger. Sur la Planche LX sont également tracées, dans le plus grand détail et même cottées, toutes les figures de la cheminée, du four et des fourneaux potagers de la cuisine. On trouve même encore sur la première Planche n°. LV, les figures et tous les détails cottés de toutes les parties d'une garde-robe à l'anglaise, où l'on peut remarquer qu'on n'a rien oublié de ce qui peut même en faire sentir tous les effets.

PLANCHES LXI et LXII.

CHATEAU DE M. DE CAUMARTIN,

Près la ville de Morel et la rivière de Seine.

NOUS sommes fâchés de ne pas connaître l'architecte qui a construit ce château ; nous aurions eu du plaisir à le nommer. Nous sommes aussi fâchés que ce château soit en partie détruit, parce qu'il est bien fait. En principe, un château ne doit pas ressembler aux plus jolies maisons particulières qui peuvent être élevées à côté ou dans le voisinage pour l'amusement d'un riche particulier.

M. de Caumartin, ancien prévôt des marchands, occupait une place importante dans la magistrature, qui ne lui permettait pas d'avoir, même à la campagne, une petite maison de plaisance.

Un château, sans être un palais, doit avoir un caractère de prééminence sur toutes les habitations du pays ; c'est la résidence du seigneur, c'est le chef-lieu du canton. Sa distribution doit offrir un bel appartement de représentation, beaucoup d'autres petits appartemens propres à loger honnêtement, commodément et séparément la famille et les amis du maître, et encore toutes les dépendances nécessaires au service d'une maison qui réunit beaucoup de monde.

La masse doit en être grande, les formes belles et régulières, mais peu chargées de détails d'ornemens, parce qu'ils ne s'apercevraient pas, ou feraient mal leur effet sur un édifice qui doit nécessairement être vu de loin, qui est ordinairement isolé, et qui, par cette raison, perd beaucoup dans la grande masse d'air qui l'environne.

En exprimant ainsi les conditions essentielles auxquelles est soumise la construction d'un château, nous avons fait, sans le vouloir, la description exacte de celui-ci. Les plans, les coupes et les élévations tracés sur ces deux Planches, nous paraissent confirmer notre opinion, et nous dispensent d'en dire davantage.

RECUEIL D'ARCHITECTURE CIVILE.

PLANCHES LXIII et LXIV.

MAISON,

Construite dans le jardin nommé le **Désert**, *près la forêt de Marly; par le propriétaire,*
M. Demonville.

M. Demonville ne se donnait pas pour architecte, mais il en avait le génie et le goût; il avait même des idées neuves à lui et toujours très-agréables. Il est original et curieux de trouver, dans la base et dans une partie du fût d'une colonne ruinée, une maison commode et agréable.

Cette colonne est d'ordonnance dorique : elle a quarante-six pieds de diamètre, compris l'épaisseur du mur. La hauteur de la base comprend deux étages souterrains destinés aux cuisines, aux caves et autres pièces de service. Ces deux étages sont entourés d'un fossé de même profondeur et de dix-huit de largeur, que l'on traverse par un pont de bois pour arriver de plain-pied au rez-de-chaussée, qui est le bel étage ou celui de représentation.

Le premier, le deuxième et le troisième sont composés de plusieurs petits appartemens au centre desquels est un escalier circulaire, qui monte de fond, et qui est éclairé par un vitrage dans le comble.

La circonférence extérieure de la colonne est divisée en seize cannelures séparées par une large côte, et dans chaque cannelure est une croisée. Toutes les pièces principales sont régulières, et les parties circulaires du plan sont habilement rachetées par les garde-robes et par des passages de communication qui ont leur utilité et leur commodité. Les tuyaux de cheminées et d'aisance sont enfermés dans l'épaisseur du mur extérieur. Ce mur s'élève au-dessus du toit pour le cacher, et il se termine par des déchiremens, ainsi que les bâtimens en ruines.

La première Planche, n°. LXIII, présente le plan du rez-de-chaussée, celui du premier étage, et l'élévation de la colonne. La seconde Planche, n°. LXIV, présente le plan général de la colonne et des fossés, le plan particulier du deuxième étage, et la coupe intérieure.

PLANCHE LXV.

CHAPELLE ET TOMBEAUX, DANS LE GENRE GOTHIQUE,

Construits près la ville de Melun, dans le jardin de M. Lacroy; par L'Abbé, *architecte.*

Ce genre d'architecture, que l'on nomme gothique, a toujours été distingué en deux époques qui ont fait naître deux sortes d'architecture gothique très-différente, l'une ancienne et l'autre moderne, auxquelles on pourrait encore ajouter une troisième sorte qui se distingue facilement des deux premières.

L'architecture gothique ancienne est celle que les Goths ont apportée du nord dans le cinquième siècle. Les édifices construits suivant cette manière sont massifs, pesans et grossiers; et cette manière a subsisté jusqu'à Charlemagne, qui entreprit de rétablir la bonne et ancienne architecture. Mais on est tombé dans un excès contraire : les architectes de ce temps firent consister les beautés de leur architecture dans une délicatesse et une profusion d'ornemens inutiles, et généralement de mauvais goût. Elle a été long-temps en usage, surtout en Italie.

Les inventeurs de cette architecture crurent avoir surpassé les Grecs. Un édifice grec n'a pourtant aucun ornement qui ne serve à augmenter la beauté de l'ouvrage; et les justes proportions y sont conservées, et toujours satisfaisantes. Au contraire, l'architecture gothique élève sur des piliers très-minces une voûte immense et d'une hauteur prodigieuse. On croirait que tout va tomber, et cependant tout dure des siècles. Les vides des croisées sont d'une grandeur considérable; on voit partout des roses, des festons, des points; la pierre est découpée comme du carton, tout est à jour, tout est en l'air.

Ce n'est que dans les dix-septième et dix-huitième siècles que la France et l'Italie s'appliquèrent à ramener la première simplicité et les proportions de l'ancienne architecture, qui constituent sa beauté.

Dans le siècle présent, quelques architectes en réputation ont essayé leur goût et leur talent dans ce genre gothique, en l'appliquant à des constructions peu importantes, où la sévérité des principes peut être modifiée, et se prêter sans conséquence aux élans de l'imagination. Plusieurs ont réussi à rendre assez agréable ce genre gothique; mais craignons qu'ils n'en fassent une trop fréquente application, parce que l'abus des meilleures choses en a souvent fait naître de très-mauvaises, qui se sont accréditées par l'exemple, et perpétuées par l'habitude de les voir. Il faut avoir un tact fin, un goût délicat et exercé, et encore pouvoir disposer de matériaux convenables à ce genre, pour conserver dans l'exécution la solidité, la légèreté et la grâce qu'il exige.

La chapelle et les tombeaux que présente cette Planche nous ont semblé remplir ces conditions essentielles et difficiles à réunir.

PLANCHE LXVI.

JARDIN DE LA MAISON DE M. MICHEL,
Rue des Amandiers, près la barrière, à Paris.

Ce jardin, dans une superficie de cinq à six arpens environ, présente une très-grande étendue de promenade, par les contours sinueux et multipliés des allées qui partagent les différentes plantations dont il est couvert. On y distingue les bosquets de verdure, les arbres à fruits, les vignes, les couches, les potagers, les gazons, au travers desquels serpentent tous ces chemins, qui s'abaissent et s'élèvent, qui se croisent et se traversent l'un au-dessus de l'autre par de petits ponts où l'art s'est plu à imiter la nature.

L'habitation n'y est représentée qu'en masse; mais on voit sur la même Planche les dessins en plan, coupe et élévation d'une petite fabrique ou chaumière, construite dans ce jardin.

PLANCHES LXVII et LXVIII.

CHATEAU DE SAINTE-ASSISE,
Entre Corbeil et Melun, sur le bord de la Seine; restauré sur les dessins de M. Sobre, architecte.

Ce château consiste en un principal corps de bâtiment et deux ailes en avant sur la cour, formant arrière-corps sur le jardin; en sorte que les trois corps de bâtiment ne se tiennent que par les angles; ils sont précédés d'une grande cour, d'une basse-cour aux deux côtés, et le tout est environné par quatre petits jardins détachés et indépendans du grand.

Le bâtiment principal est plus élevé que les deux ailes. La décoration en est agréable. Les deux portes d'entrée sur la cour et sur le jardin sont ornées de figures en gaîne, qui supportent la première corniche. La frise, ainsi que celle de l'entablement, sont ornées de sculpture; l'ensemble en est satisfaisant. On y reconnaît le genre du talent particulier de Sobre, que l'art a perdu beaucoup trop tôt.

La première Planche, n°. LXVII, présente le plan général, celui du rez-de-chaussée, celui du premier étage, et l'élévation du côté de l'entrée. La seconde Planche, n°. LXVIII, présente l'élévation de la face sur le jardin, et la coupe dans toute la longueur.

PLANCHE LXIX.

MAISON DE CAMPAGNE,
Restaurée par Loison, architecte et propriétaire, à Saint-Germain.

Cette maison forme un pavillon à peu près carré. Il est élevé d'un étage souterrain, un rez-de-chaussée, premier et deuxième étages. La façade du côté de l'entrée forme deux avant-corps en la hauteur du rez-de-chaussée seulement, qui sont couverts en terrasse de plain-pied, au premier étage. Ces deux avant-corps forment un enfoncement au milieu, dont les trois faces sont couvertes de trophées d'armes sculptés en bas-relief, avec des draperies qui leur servent de fond.

Les deux façades sont agréablement décorées de colonnes à la manière de Palladio, de corps de refend, de frises et de bas-reliefs d'une ordonnance et d'une composition bien entendues.

Cette seule Planche offre le plan général, deux autres plans particuliers du rez-de-chaussée et du premier étage, deux élévations des faces principales, et une coupe.

PLANCHE LXX.

MAISON DE M. CLÉMENT, A ÉTAMPES,
Restaurée par M. Lefèvre jeune, architecte.

Cette maison est tracée à peu près sur le même plan que la précédente. La distribution intérieure n'est pas la même, mais elle est bien entendue et très-commode.

Quant à la décoration extérieure des faces, elle nous semble moins heureuse. Une grande lanterne au sommet du toit, qui sert à éclairer l'escalier, placé au centre, ne fait pas un bon effet.

Cette seule Planche présente aussi trois plans, deux élévations et une coupe.

PLANCHE LXXI.

MAISON ET JARDIN DE M. JULIEN, A ÉPINAY, PRÈS PARIS;

Par M. Molinos, *architecte.*

Cette maison n'est ici figurée qu'en masse avec ses dépendances. Le jardin seul est détaillé. Il est planté à la manière dite *anglaise*, à cause de l'irrégularité des formes. Il offre quelques constructions d'agrément, qui sont indiquées suffisamment par des renvois sur la même Planche.

PLANCHE LXXII.

MELONNIÈRE, A DOUAY,

Construite sur les dessins de M. Bellanger *fils, architecte.*

Son enceinte est formée, dans une moitié du côté du midi, par douze piliers carrés, surmontés chacun d'un vase; et les espaces sont remplis en treillages seulement: et dans l'autre moitié, côté du nord, par un mur en demi-cercle, pour y concentrer la chaleur du soleil. Au deux côtés sont deux pièces d'eau ou bassins carrés, et plus loin deux petites pièces à cheminée. Cette melonnière peut contenir huit couches.

La Planche en présente le plan, deux élévations, et une coupe.

PLANCHES LXXIII, LXXIV, LXXV, LXXVI, LXXVII et LXXVIII.

Ces six planches sont entièrement employées à présenter une partie du parc de M. Davelouis, à Soisy-sous-Etiole. Il s'y trouve différentes fabriques, et notamment deux glacières, auxquelles sont réunis d'autres objets agréables; savoir, à la première, une salle de danse, des volières et un kiosque; et, à l'autre, un temple égyptien, un kiosque, des terrasses et des obélisques.

Par M. Dubois aîné, architecte, et neveu de M. Antoine, architecte de la Monnaie.

Les deux premières Planches, LXXIII et LXXIV, sont relatives à la première glacière et à ses accessoires. La Planche LXXIII présente les trois plans de la glacière, de la salle de danse et du kiosque, et la coupe sur la longueur. La Planche LXXIV présente une élévation du côté de l'entrée, et une élévation latérale.

Cette première glacière a la forme ordinaire d'un cône renversé, et est couverte d'une voûte sphérique. Elle est totalement enfoncée en terre, excepté son entrée, qui est dans une allée creuse et entourée de rochers.

La salle de danse au-dessus est ronde. Elle est enceinte d'un mur assez épais, et d'un rang de colonnes dans l'intérieur, formant une galerie ou pourtour.

Le mur est percé de quatre grandes croisées, formant, dans l'épaisseur du mur, quatre volières vitrées en dedans et grillagées en dehors.

Cette salle a son entrée par trois portes, précédées chacune d'un péristyle de colonnes, couronné d'un fronton.

Une quatrième porte conduit à une salle ou galerie de fleurs, au bout de laquelle est un escalier qui conduit au kiosque élevé au-dessus de la salle. Ce kiosque est précédé et entouré d'une terrasse circulaire. Il est formé par huit colonnes, et par un vitrage dans les espaces. Les formes de cet édifice sont régulières. Seulement les colonnes qui entourent le kiosque nous semblent trop hautes pour le diamètre; mais tout l'ensemble en est agréablement composé.

La seconde glacière, aussi dans la forme ordinaire, a son entrée au fond d'un petit temple égyptien. La forme est demi-circulaire. Il est ouvert sur le devant par trois entre-colonnemens couronnés d'un fronton, et le perron qui y conduit est terminé à ses extrémités par deux figures égyptiennes.

La face extérieure et tout le pourtour intérieur sont couverts de caractères hiéroglyphiques. Au-dessus de la galerie et un kiosque assez semblable au précédent, entouré d'une terrasse. On y arrive par des allées sinueuses et montantes.

Au devant du temple est une esplanade, ou terrasse basse, à laquelle aboutissent quatre sentiers; et aux deux côtés de cette place s'élèvent deux obélisques, dans le genre égyptien, aussi chargés d'hiéroglyphes.

La Planche LXXV présente le plan de la glacière, et l'élévation du temple et du kiosque.

La Planche LXXVI présente le plan du kiosque et sa coupe.

Sur la Planche LXXVII sont dessinés les détails en grand des frontons, corniches, chapiteaux, frises et autres ornemens dont ces petits édifices sont décorés, ainsi que les obélisques.

Enfin la Planche LXXVIII et dernière offre la partie du plan du jardin où se trouve le temple égyptien, et les allées qui y conduisent.

On trouve encore sur cette Planche deux dessins de portes élevées dans le même endroit : l'une, dans le genre gothique, est celle de l'orangerie; l'autre, dans le genre égyptien, est une porte d'entrée du parc.

PLANCHES LXXIX, LXXX, LXXXI, LXXXII, LXXXIII et LXXXIV.

MAISON ET JARDIN, SITUÉS AU RAINCY,

Par M. Courtépée, *architecte.*

Le jardin d'agrément de cette propriété contient six arpens et demi environ. La maison d'habitation et les bâtimens en dépendant sont situés à l'entrée du jardin, sur le chemin de Villemonble à Livry. Ces bâtimens sont séparés par une très-grande cour ovale, qui laisse apercevoir tout le jardin en face. Elle est entourée de plate-bandes de fleurs, de treillages et de vases. Un autre ovale est inscrit au milieu; il est sablé, et entouré d'une large plate-bande de fleurs. Une statue est élevée au centre sur un piédestal.

Le bâtiment d'habitation est composé, au rez-de-chaussée, d'un beau vestibule, un bel escalier au centre, deux salons, des bains, une salle à manger, cuisine et office; et, au premier étage, d'une belle galerie circulaire, sur laquelle arrive l'escalier, et qui communique séparément à huit grandes et belles chambres à coucher, ayant toutes un cabinet et une garde-robe en dépendant.

Un autre corps de bâtiment, derrière lequel se trouve la basse-cour, fait face au précédent. Il renferme orangerie, laiterie, vacherie, serre, remises et écuries.

Le plan du bâtiment d'habitation n'est pas très-régulier; mais l'architecte a adopté pour la face du jardin une décoration plus irrégulière encore, dans le genre gothique. Une partie de cette face a la figure d'un grand pignon, l'autre celle d'une tour, et le surplus diffère encore. Les croisées sont en ogives, et le tout ressemble assez à une église très-gothique.

La coupe fait voir l'intérieur de l'escalier, qui est très-élevé, et décoré de deux ordres l'un sur l'autre. Il est couvert d'une coupole, et éclairé du haut par une lanterne. Une statue est au milieu, sur un piédestal.

Les intérieurs des pièces sont aussi décorés de colonnes, de vases et de draperies.

Le jardin est planté à la manière anglaise. Plusieurs petits édifices y sont construits, parmi lesquels on distingue un petit temple et l'ajustement d'un puits. Le potager est bordé d'un côté par un long berceau de vigne à l'italienne. Au devant de l'orangerie est un emplacement disposé en demi-cercle pour les orangers. Plus loin est une volière, et à la suite l'un de l'autre différens jeux d'exercice.

PLANCHES LXXXV et LXXXVI.

CHATEAU A MAREUIL,

Par M. Villetard, *architecte.*

Un carré parfait forme le plan de ce château. Il a vue et entrée sur les quatre faces. Il est distribué au rez-de-chaussée en neuf grandes pièces, au centre desquelles est le grand escalier; il commence par une rampe droite, et deux autres ensuite à droite et à gauche qui arrivent au premier étage, sur une galerie circulaire communiquant à toutes les pièces, dont une bibliothèque, sept chambres à coucher, avec beaucoup de dépendances bien dégagées par des corridors et de petits escaliers.

Le grand escalier est éclairé du haut par une grande lanterne. Il est décoré d'une niche sur le premier palier, avec figure, et de colonnes aux quatre portes d'entrée au premier étage.

Les deux faces principales sont décorées de corps de refend, de deux colonnes passant aux deux côtés des portes d'entrée, de deux corniches, et d'un attique à la lanterne.

La première Planche n°. LXXXV présente le plan du rez-de-chaussée, et l'élévation.

Et la Planche LXXXVI, le plan du premier, et la coupe.

PLANCHES LXXXVII et LXXXVIII.

MAISON DE M. DE V....., A L'ENTRÉE DU BOIS DE VERRIÈRES,

Par M. Villetard, *architecte.*

La distribution en est heureuse, et assez complète pour une maison de peu d'étendue. Le vestibule et l'escalier sont agréables et commodes, tant au rez-de-chaussée qu'au premier étage.

Les deux faces principales sont très-bien décorées, dans un genre moderne, et fort agréables, quoique avec une sorte de simplicité. Celle d'entrée présente dans son milieu, pour l'entrée du vestibule, trois arcades qui reposent sur quatre colonnes pœstum; et, aux extrémités, deux pavillons en avant-corps, ornés de refends aux encoignures, corniches et chambranles aux croisées, qui se détachent sur un fond de briques : le tout élevé sur un soubassement, et couronné d'une corniche.

La face sur le jardin est dans le même genre, excepté que c'est la partie du milieu qui fait avant-corps. Il est terminé par deux grands pilastres aux extrémités, et couronné d'un grand fronton.

La première Planche, n°. LXXXVII, présente les trois plans du souterrain, du rez-de-chaussée et du premier étage.

La seconde Planche, n°. LXXXVIII, présente les deux élévations, et la coupe.

PLANCHES LXXXIX et XC.

DEUX PETITES MAISONS,

Bâties près le bois de Verrières; par M. VILLETARD, *architecte.*

CES deux maisons sont à peu près de même étendue et de même genre que les précédentes. La distribution et la décoration extérieure en sont aussi fort agréables; et, si nous n'en faisons pas une description très-détaillée, ce n'est pas qu'elles le méritent moins que les autres, mais seulement pour éviter des répétitions, d'autant moins utiles que les Planches les indiquent suffisamment.

La Planche LXXXIX est relative à la maison de V.... Elle représente les plans aux caves, au rez-de-chaussée, au premier et au deuxième étages; l'élévation et la coupe.

La Planche XC est relative à la maison de M. Malabry, sur la route de Choisy à Versailles. Elle représente aussi trois plans, une élévation et une coupe.

PLANCHES XCI et XCII.

PETITE FERME D'AGRÉMENT, A NEUILLY,

Appartenant à M. *de Castellane; par* M. BELLANGER, *architecte.*

L'ARCHITECTE ingénieux a conçu son plan d'une manière large. Il a tracé sur le terrain un cercle de neuf toises de rayon pour faire une grande cour; il a laissé à la circonférence quatre ouvertures diamétralement opposées. L'une d'elles, beaucoup plus grande, fait la largeur d'une avant-cour, au moyen d'un demi-cercle qui pénètre le grand, et de deux pavillons aux deux côtés pour les remises et les écuries.

Il a aussi élevé sur la circonférence du grand cercle une glacière d'un côté, et une laiterie de l'autre; et, dans les intervalles, de petits toits pour les vacheries, les bergeries, la volaille et autres animaux de basse-cour. Enfin il a placé au milieu un trou à fumier, qu'il a entouré d'un bassin pour les amphibies.

Les deux Planches qui sont relatives à cette petite ferme en représentent d'une manière très-détaillée les plans, les élévations et les coupes, et toute la grâce et la variété que l'auteur savait mettre à toutes ses compositions dans ce genre.

PLANCHES XCIII, XCIV, XCV et XCVI.

PAVILLON TURC, SALLE DE BAINS, SALLE DE JEU ET TOMBEAU GOTHIQUE,

Elevés dans les jardins d'Arminvilliers, appartenant au duc de Penthièvre; par M. RENARD, *architecte.*

Le pavillon turc consiste dans un salon et deux cabinets attenant. Le dedans et le dehors sont couverts d'ornemens assez semblables à une broderie très-riche, et dans une forme de mosaïque. Ce pavillon est accompagné de deux hautes aiguilles construites en pierres, et décorées aussi dans le genre turc.

La Planche XCIII en présente le plan, la coupe et l'élévation. On voit aussi sur la même Planche la face et le profil d'un pont dans le même genre, et, aux quatre coins, quatre figures assises sur leurs talons, à la manière des Turcs.

La Planche XCIV présente les dessins en plan, coupe et élévation de la salle de bains et de la salle de jeu au-dessus. Cet édifice est flanqué de tourelles aux angles extérieurs, décoré de colonnes en dedans, et enrichi de tous les autres ornemens dans le genre gothique.

Sur la même planche on voit aussi l'élévation d'un tombeau dans le même genre, et des détails en grand de quelques profils de l'un et de l'autre édifices.

La Planche XCV offre les dessins en plan et en élévation de deux pavillons, l'un carré, l'autre octogone, avec une galerie ouverte au pourtour de chacun. Ces deux pavillons sont construits et décorés dans le goût chinois, avec richesse et agrémens, ainsi qu'un pont, qui se voit aussi sur la même Planche.

Différens dessins de ponts, de barrières et grilles de bois dans le genre rustique pittoresque, et fort jolis, font l'objet de la Planche XCVI.

PLANCHES XCVII, XCVIII, XCIX, C, CI, CII, CIII, CIV, CV, CVI, CVII, CVIII, CIX, CX, CXI, CXII, CXIII et CXIV.

MAISON SAINTE-JAMES,

Située sur la route du bois de Boulogne à Neuilly ; par M. Bellanger, *architecte.*

Les plus grands talens en architecture sont presque nuls si les occasions manquent pour les faire paraître, et ils sont toujours peu marquans si de grandes fortunes ne s'emploient pour les faire briller.

Il n'en est pas de l'architecture comme des autres beaux arts. Un tableau, si parfait qu'il soit, peut être assez restreint de grandeur pour n'être pas très-cher, eu égard à son mérite.

Un très-beau morceau de musique peut être rendu par une seule voix, ou par un seul instrument. Une statue peut être un chef-d'œuvre sans coûter beaucoup d'argent. Mais un édifice, même peu considérable, est toujours très-coûteux ; et, pour qu'un architecte puisse développer un grand talent et beaucoup de variété dans ses compositions, il lui faut des fortunes immenses, et presque inépuisables.

Si M. Bellanger a été doué d'un génie fécond, il a eu aussi de fréquentes occasions de le manifester, et il a rencontré des hommes d'une grande fortune pour varier ses compositions, pour les étendre, et pour les multiplier.

M. de Sainte-James, puissant et riche, amateur et homme de goût, est un de ceux qu'il fallait à M. Bellanger. Il a fait bâtir dans le plus bel endroit des environs de Paris, par cet architecte, une maison importante ; il y a planté un grand et beau jardin, et il a, pour ainsi dire, répandu sur sa surface des constructions, des édifices de toute espèce. Il y en a quelques-uns qui sont d'une véritable utilité ; mais un grand nombre d'autres sont uniquement de fantaisie, et destinés à l'embellissement du lieu, et aux amusemens du maître et de la société.

Le luxe et l'opulence ont imprimé sur tous un premier caractère ; l'artiste y a prodigué avec abondance tous les charmes de son art.

M. de Sainte-James, anglais fort riche, ministre de France sous Louis XV, ayant acheté à Neuilly, près le bois de Boulogne, une maison de campagne assez ordinaire, y ajouta beaucoup de terrain. Il y fit construire, dans l'espace de deux ou trois ans, une maison d'habitation très-considérable, sur la gauche du jardin ; et, quelque temps après, il fit faire encore sur la droite d'autres constructions importantes pour les chevaux et les voitures, pour les animaux de basse-cour, pour des volières, et même pour des animaux étrangers et rares. Il fit construire encore de grandes serres chaudes et froides, une orangerie, une salle de spectacle, et un manège.

Le jardin, qu'il fit planter à la manière anglaise, a soixante-cinq arpens ; il est traversé par un chemin public, qui conduit de Neuilly à Bagatelle, mais sous lequel on a pratiqué des passages couverts, sous la forme de grottes et de rochers.

Ce vaste jardin est distribué en prairies, bois, vergers, vignes, potagers, plantes étrangères, berceaux, plates-bandes et corbeilles de fleurs, bosquets, tapis de gazon, champs de labour, etc. Toutes ces différentes parties, si variées par leur nature, le sont encore par leurs dispositions respectives, et par leurs différens aspects, en ce qu'ils offrent successivement à la vue, des montagnes, des vallées, des coteaux et des plaines. Toute l'étendue de ce terrain est aussi coupée dans tous les sens par une multitude de chemins et de sentiers sinueux, qui tantôt se croisent ou se traversent l'un au-dessus de l'autre, et tantôt se circonscrivent ou se succèdent ; de manière qu'ils multiplient prodigieusement la promenade, et qu'il est même facile de s'y égarer après avoir long-temps marché sans sortir de l'enclos.

La Seine, qui baigne tout un côté de ce jardin, lui paye aussi en passant un tribut. Elle se prête à augmenter ses richesses et ses agrémens. Mais les lois simples de la nature ne suffisent pas à notre ambition, à nos passions pour le luxe et pour le merveilleux. La pente naturelle et tranquille des eaux de la Seine, en parcourant ce jardin, serait trop uniforme. Il faut que l'art fasse encore de nouveaux efforts et une dépense extrême pour embellir la nature en la contrariant, et en la soumettant aux caprices d'un riche propriétaire.

Pour cela un canal de cent quarante toises de longueur a été construit à une hauteur bien supérieur au niveau de la Seine et à toutes les parties du jardin. Une pompe à vapeur y porte l'eau, qui s'y fait jour en bouillonnant à travers une masse de rochers ; et c'est de ce canal que les eaux se répandent dans le jardin, qu'elles s'y jouent, s'y promènent sous mille formes différentes. D'abord c'est un grand lac qui s'alimente d'une chute rapide et bruyante ; ensuite c'est un ruisseau qui serpente, qui se rétrécit, qui s'élargit bientôt après, et qui se sépare pour faire paraître au milieu de son sein une île dédiée à l'Amour.

En continuant encore leur course, ces eaux s'enferment dans une grotte souterraine, disparaissent et reparaissent de nouveau au sommet d'un rocher, d'où elles retombent en cascade, et vont plus loin jaillir et s'élancer d'un trait rapide au milieu d'un bassin. Enfin elles cessent de briller de tous leurs charmes, pour se rendre utiles aux besoins multipliés de la maison, qu'elles ne quittent que pour retourner, sans bruit et sans orgueil, à leur source première.

Dix à douze ponts, de forme, de construction et de genre différens, sont établis sur ces petites rivières pour les traverser.

Ponts de pierres, ou de roches, ou de briques, ou de bois; ponts à bascule; ponts chinois, à l'anglaise, à la turque : on y a épuisé toutes les formes et tous les genres de décorations. Au milieu de l'eau, sur un tapis de verdure émaillé de fleurs, au bord d'une île enchantée, au sommet d'un tertre, dans le fond d'un bosquet, on rencontre partout un temple à Jupiter ou à l'Amour, un pavillon à Diane ou à Vénus, une statue, une colonne ou un vase antique. Ici, c'est une glacière surmontée d'un kiosque; là, des portiques de treillage; plus loin, des volières; et, dans beaucoup d'endroits, des jeux de bagues, des balançoires, des danses de corde, et d'autres passe-temps dont les noms mêmes nous sont inconnus.

Si nous n'étions que philosophe, et point architecte, nous pourrions nous écrier ici : O vanité des vanités, et tout n'est que vanité, car tous ces monumens du luxe et de l'opulence ont ressenti les injures du temps, et ont disparu comme leur maître : mais nous sommes architecte; et, en cette qualité, nous ne devons nous permettre aucune réflexion.

Nous allons seulement passer de l'agréable à l'utile, et décrire en peu de mots la maison d'habitation, une autre construction majeure qui en dépend, et quelques-uns de ces petits édifices construits dans le jardin que nous n'avons fait que citer en passant.

Cette maison est composée de cinq corps de logis, une grande cour, et deux autres pour le commun. Elle est élevée d'un seul étage au-dessus du rez-de-chaussée. Sa distribution est très-complète, et fournit amplement aux appartemens de représentation, aux logemens commodes de plusieurs maîtres, à ceux d'un nombreux domestique, et à toutes les autres pièces de service, ainsi que les deux plans tracés sur la Planche XCIX le font voir.

La Planche C présente les deux élévations des faces principales sur la cour et sur le jardin. Elles ont chacune un péristyle de quatre colonnes, élevé sur un soubassement, et couronné d'un fronton. Ces deux faces ont chacune cinq croisées ornées de chambranles, corniches et corps de refend qui se détachent en blanc sur un fond de briques, et les perrons sont enrichis de balustrades et de vases.

La Planche CI fait voir la coupe sur la longueur, et les détails en grand des portiques de la face sur le jardin, et de tous les ornemens de sculpture dont ils sont décorés.

Généralement toute l'architecture de cette maison est très-belle, les formes en sont sages, et le décor est dessiné avec goût et richesse, sans confusion.

L'autre construction majeure que nous avons annoncée, qui occupe la droite du jardin, n'est pas de M. Bellanger; elle est de M. Chaussard, aussi architecte, connu pour homme de mérite. Cette dépendance de la maison consiste en une très-longue et première cour, autour de laquelle sont bâties des remises et des écuries, excepté dans une partie où l'on a bâti une salle de spectacle. Derrière le bâtiment du fond est une seconde cour ronde. Deux salles fraîches sont bâties aux deux côtés, et, dans tout le pourtour, un double rang de loges ou cages pour des animaux de volière.

Au milieu de la cour est un bassin entouré par quatre bâches renfermant des arbustes et des fleurs. Le surplus du terrain au-delà du mur circulaire des loges forme encore quatre cours pour la promenade et le service des animaux; dans l'une d'elles est un grand puits à manège.

La Planche CII en présente le plan et une coupe générale. Les Planches CIII et CIV sont destinées aux plans, coupes et élévations de quatre grandes serres chaudes et froides. Elles sont disposées en forme de croix, au centre de laquelle s'élève un cabinet d'histoire naturelle. Ces serres sont accompagnées de couches à châssis. Les bâches, les fourneaux, les conduits de chaleur y sont tracés dans le plus grand détail par des plans différens, et des coupes en tous les sens, qui en démontrent parfaitement la construction.

Les faces extérieures et l'intérieur des pièces sont très-décorés avec goût, et dans le genre convenable.

Les deux Planches CV et CVI sont relatives à un passage souterrain, dont l'entrée et la sortie sont entre des rochers. Dans la longueur de ce passage, qui est sinueux, se trouvent des salles fraîches et une grotte, au-dessus de laquelle est élevé un pavillon chinois, entouré d'un balcon rustique. On voit aussi sur la planche CV la face et le profil d'un petit bac chinois, flottant sur l'eau.

Les deux Planches CVII et CVIII donnent les dessins et les détails de cinq ponts, qu'on nomme le pont de pierre, le pont du sphynx, le pont chinois, le pont à bascule, et le grand pont du canal. Ce dernier notamment est d'un effet très-agréable pour la forme et pour les accessoires qui le décorent.

Les deux Planches CIX et CX présentent les plans, les élévations, et les coupes du grand rocher près le canal supérieur.

La masse totale de ce rocher a vingt-deux toises de longueur sur neuf à dix toises d'épaisseur, et six toises environ d'élévation. Il renferme une salle de bains, deux galeries, un grand porche, et deux grandes rampes d'escalier.

Ce rocher a deux faces intéressantes. Celle dont le pied est baigné dans l'eau du lac présente un grand berceau de voûte, construit en grosses pierres de roches, et deux terrasses en avant-corps, où arrivent les deux rampes d'escalier. Au milieu de chaque terrasse est une dasque, d'où s'élève un jet d'eau qui retombe en nappe dans un bassin.

Ces deux avant-corps donnent entrée aux deux galeries souterraines. Ils sont élevés en talus décorés de corps de refend, et couronnés d'une corniche.

Sous le renfoncement de la voûte est un porche de six colonnes, avec entablement et fronton d'une ordonnance dorique grecque. Le mur de derrière est percé d'une ouverture au milieu, cintrée en cul de four, d'où sort une nappe d'eau considérable qui se répand dans le lac. Deux autres chutes sortent aussi de ce mur par deux canonnières, et tombent dans le même lac avec tant d'abondance, qu'il fournit seul toutes les eaux du jardin.

L'autre face du même rocher présente un grand mur construit en cailloutage, avec tête et bordure en pierres de taille. Au milieu est la porte d'entrée de la salle de bains, dans un renfoncement de niche, cintré aussi en cul de four. Au-dessus de ce mur paraît un réservoir construit sur le rocher, et entouré d'un grand balcon.

Ces deux faces sont d'une belle composition; elles ont le caractère sévère qui convient au sujet. Ces quatre Planche donnent les dessins en grand de plusieurs des édifices que nous avons ci-devant annoncé existant dans le jardin.

La Planche CXI offre deux plans, deux élévations et une coupe du pont d'Amour; plus, un plan, une élévation et une coupe du pavillon chinois.

La Planche CXII donne l'élévation d'un grand treillage, avec figures dans des niches, et les dessins et détails d'un jeu de bague, d'un jeu égyptien, et d'une balançoire.

La Planche CXIII, ceux de deux vases antiques, d'une vue de l'île d'Amour, d'un temple turc, d'un pavillon à Vénus, et d'un petit monument gothique.

Et la Planche CXIV et dernière, les plan, coupe et élévation perspective de la pompe à feu, et enfin ceux d'une chaumière dans le jardin potager.

Toutes ces constructions de la maison Sainte-James, la plantation du jardin, les eaux et les édifices nombreux et de tous genres dont on l'a embelli, ont été faits et refaits autant de fois qu'il a été nécessaire pour satisfaire le goût du propriétaire; et la dépense totale en est montée à dix millions : ce qui nous fait dire encore que l'architecture a besoin des grandes fortunes, et que, si les Bellanger sont rares, les Sainte-James le sont plus encore.

PLANCHES CXV, CXVI, CXVII, CXVIII, CXIX et CXX.

MAISON ET JARDIN DE BAGATELLE, SUR LE BORD DE LA SEINE,

Par M. Bellanger, architecte.

On est souvent forcé, pour excuser ou justifier les imperfections d'un ouvrage, d'annoncer qu'il a été fait dans un temps très-court qui n'a pas permis de le méditer ou de le parfaire. Mais ce n'est pas ce motif qui nous porte à annoncer que cette jolie maison a été bâtie, et que le jardin a été planté et décoré en soixante-quatre jours, pendant l'année 1778.

Nonobstant cette circonstance, qui est pourtant fort remarquable, cette maison de plaisance est infiniment agréable, ainsi que le jardin, et tout ce qui concourt à les embellir.

C'est, pour la grâce, la variété des objets, et le goût exquis de la composition, une répétition en plus petit de la maison Sainte-James, que nous venons de décrire dans un assez grand détail. Nous craindrions trop de répéter ce que nous avons déjà dit beaucoup de fois, si nous entreprenions de parler de celle-ci comme nous avons fait de l'autre.

Les plans, les élévations, les coupes et les détails en grand sont assez nombreux et assez bien dessinés pour en donner une parfaite connaissance. D'ailleurs nous ne nous dissimulons pas que la meilleure et la plus exacte description ne peut rendre, comme les dessins, le parfait ensemble d'une distribution vaste et commode, la belle proportion des masses, l'élégance des formes, la pureté des profils, et enfin la grâce et la légèreté des ornemens; Les six Planches qui sont relatives à cette maison, et au jardin qui en dépend, sont des preuves de plus du talent et de la fécondité de M. Bellanger.

Nota. On trouve également dans le magasin de BANCE aîné, Éditeur, un grand assortiment d'ouvrages de tout genre, sous presse et nouvellement publiés, formant Suites, Collections et Recueils à l'usage des Amateurs, des Architectes, des Élèves des Ateliers et des Manufactures.

1.er Cahier — N.º 2

Maison des champs exécutée à Pantin par Belanger Architecte en l'An 1785 pour M. de la Battue Américain.

Coupe sur l'Épaisseur Fig. A.B.

Plan du Premier Étage avec Berceau sur Terrasse.

Plan du rez de Chaussée.

Dessiné par Krafft — Réhon Sculp.

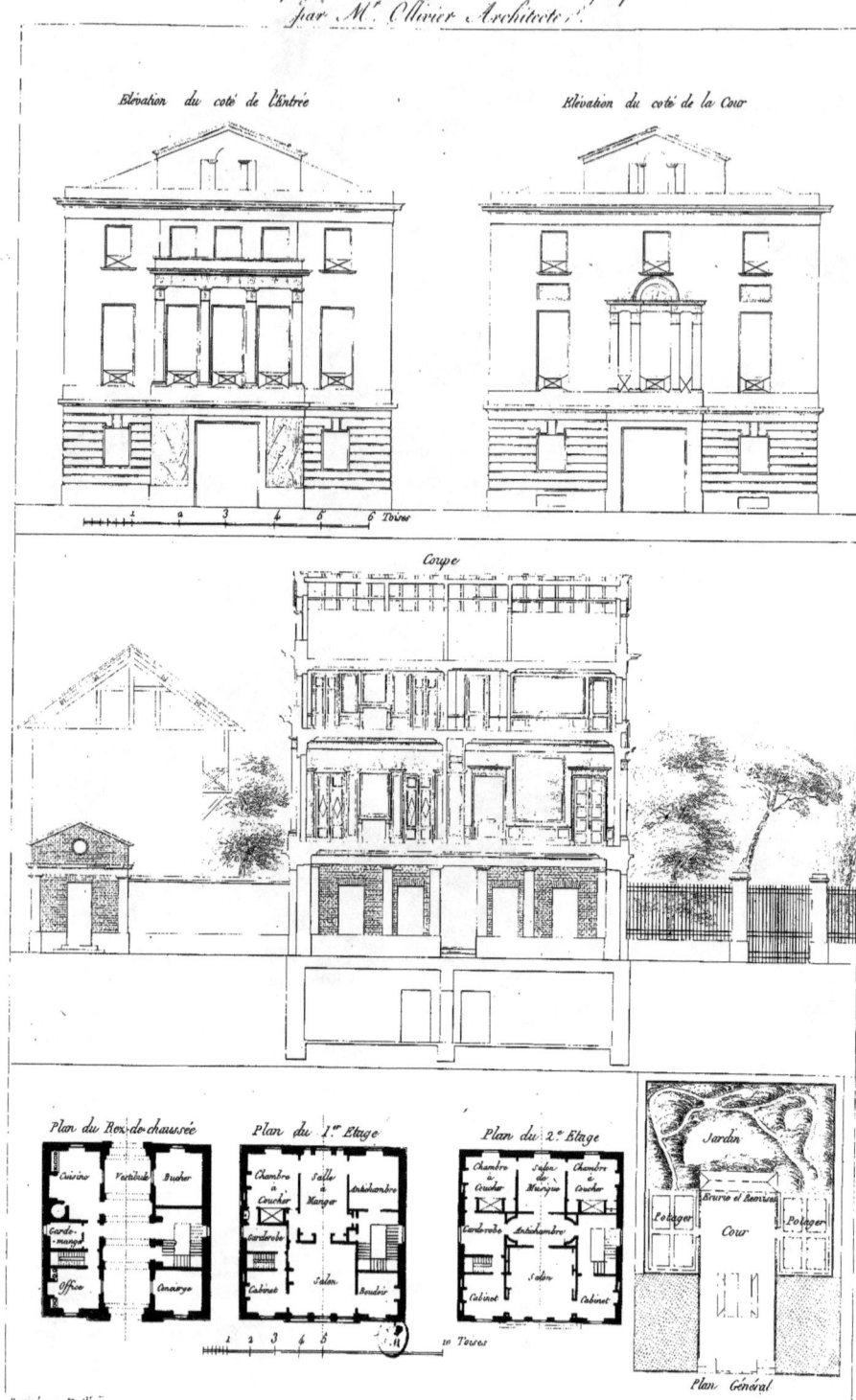

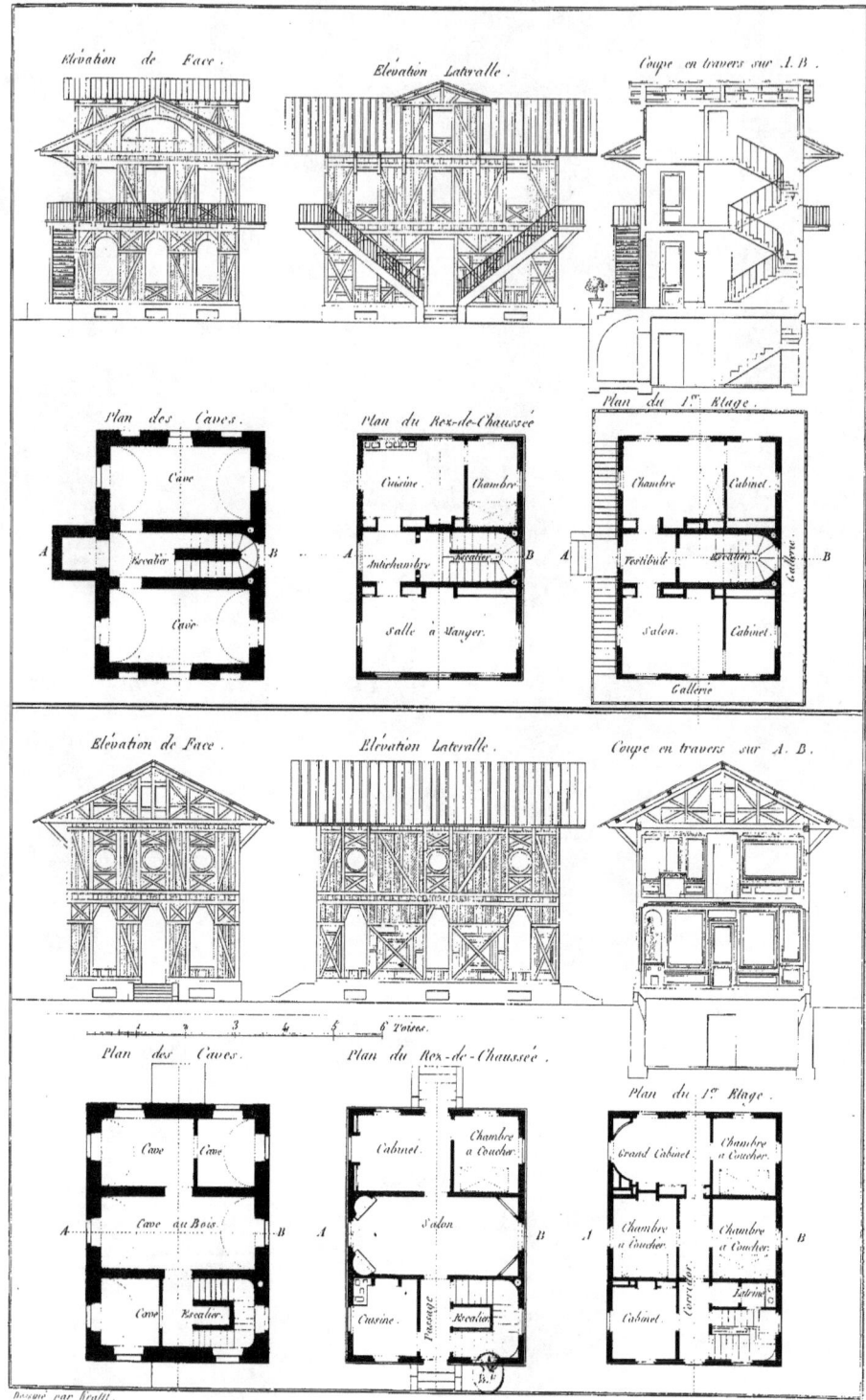

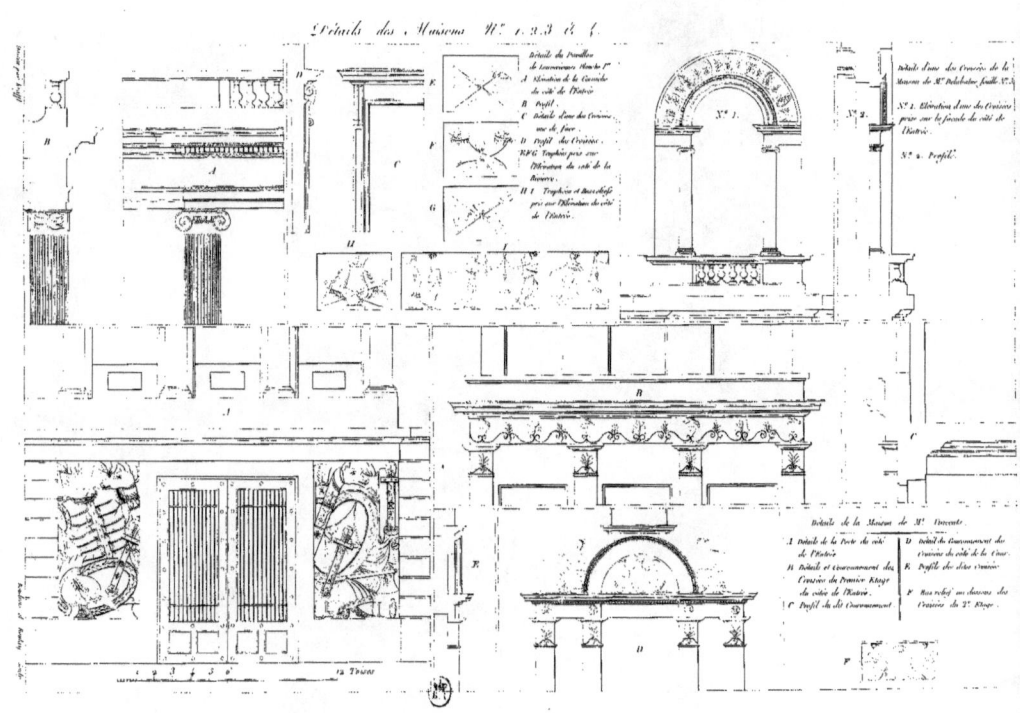

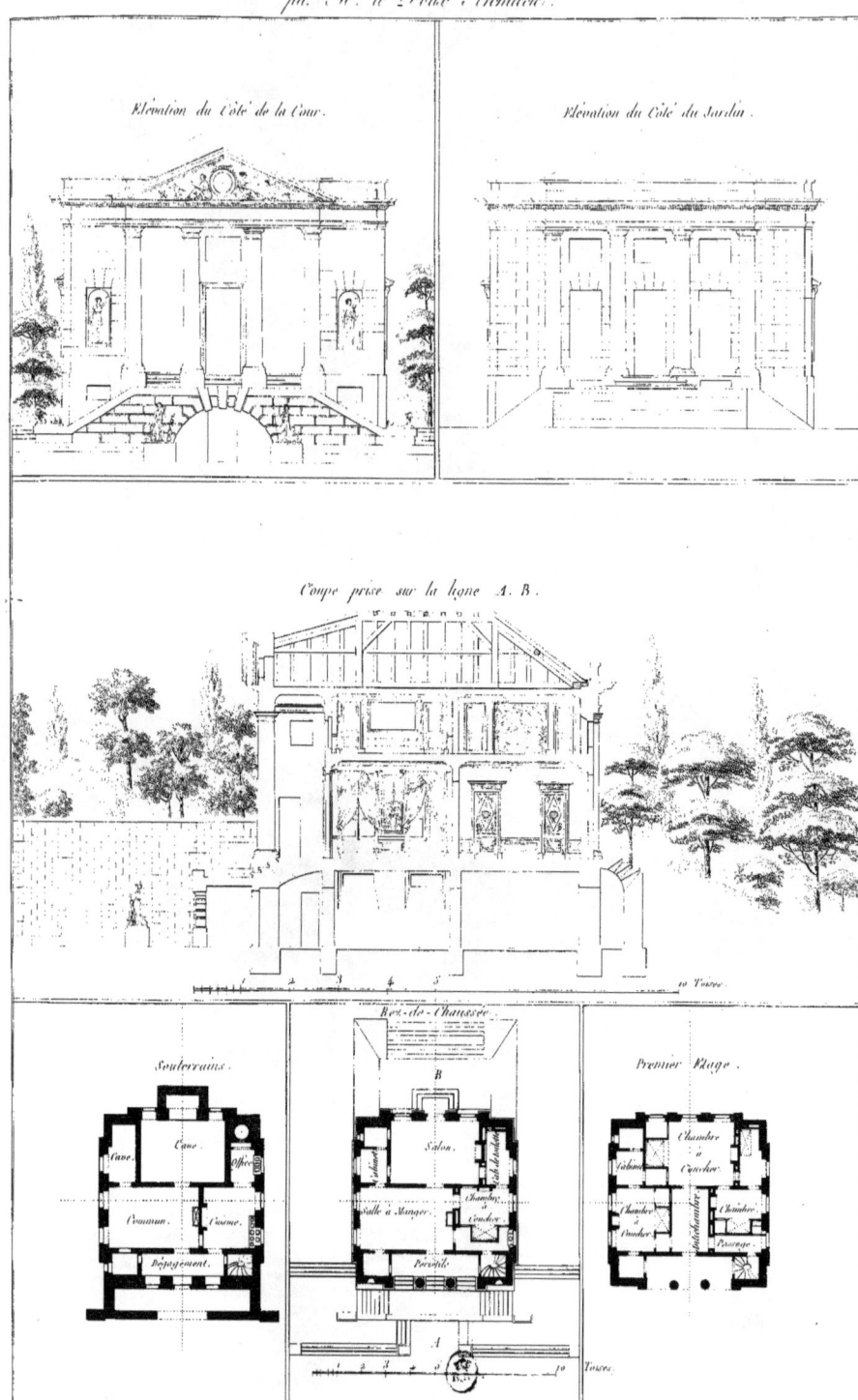

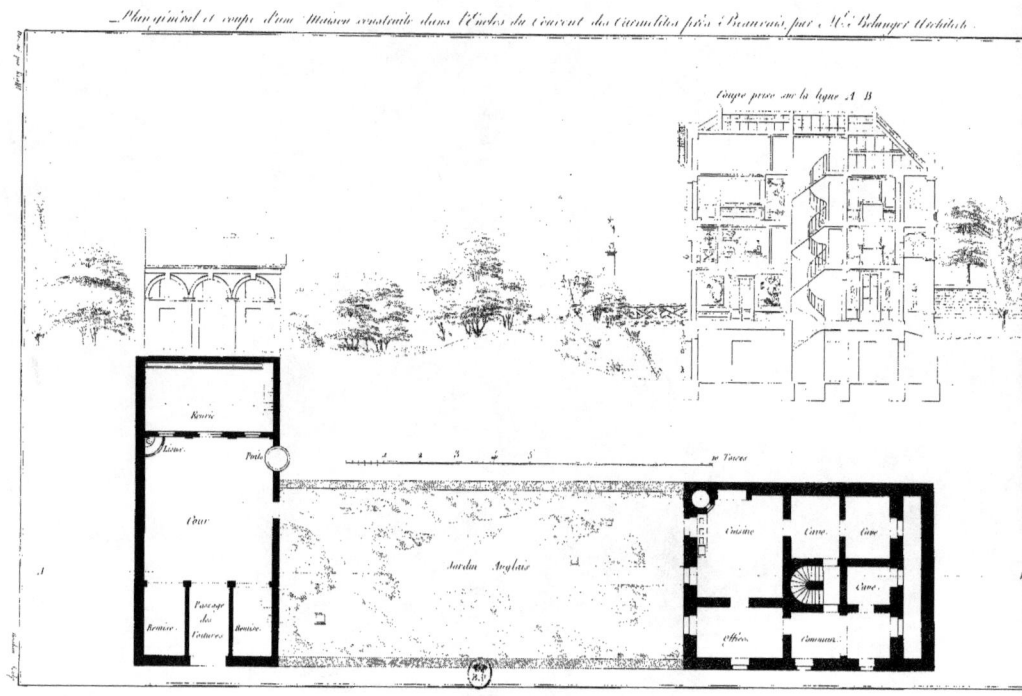

2.º Cahier. Maison construite dans l'Enclos du Couvent des Carmélites près Beauvais par M. Belanger, Architecte. Nº 10.

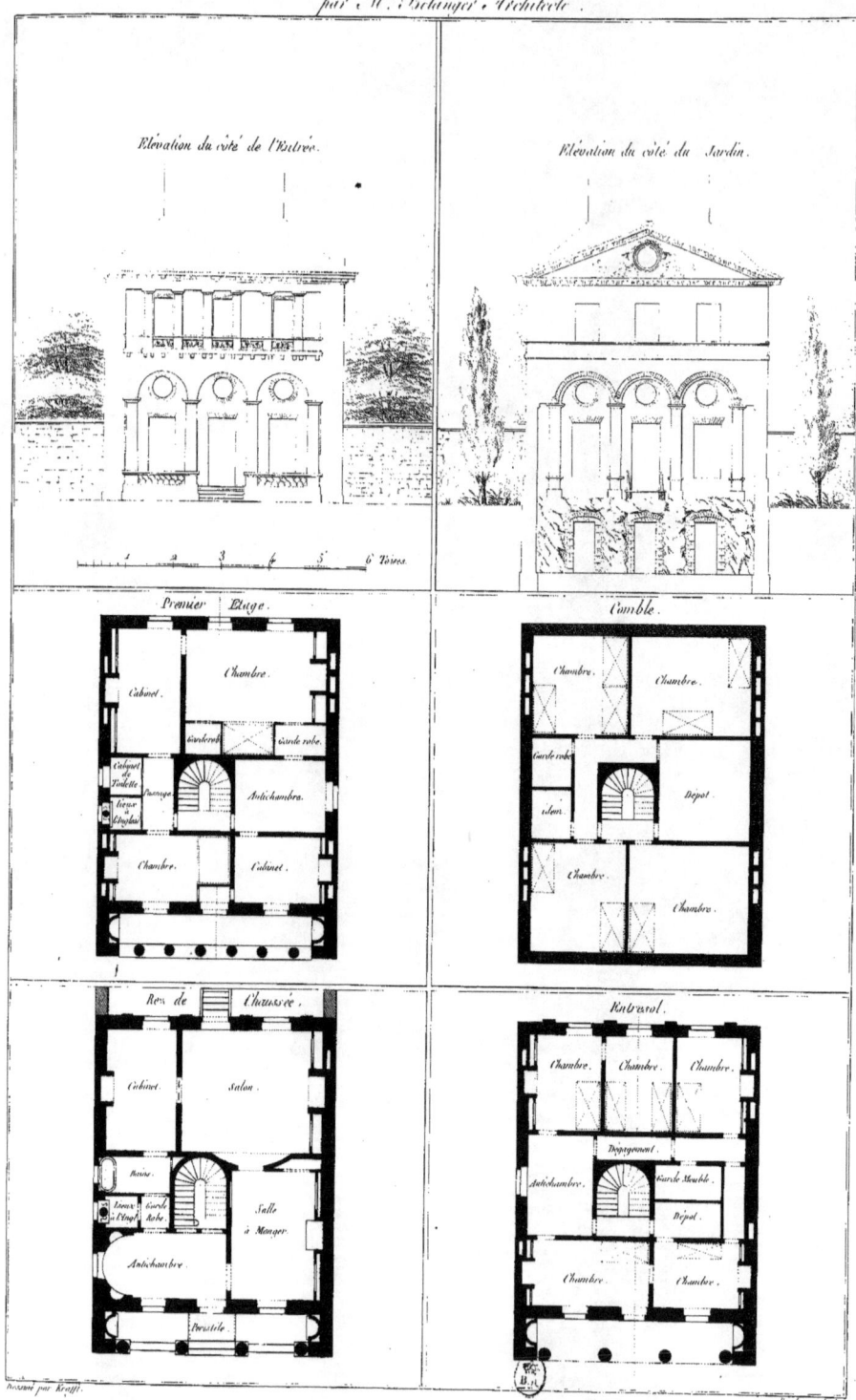

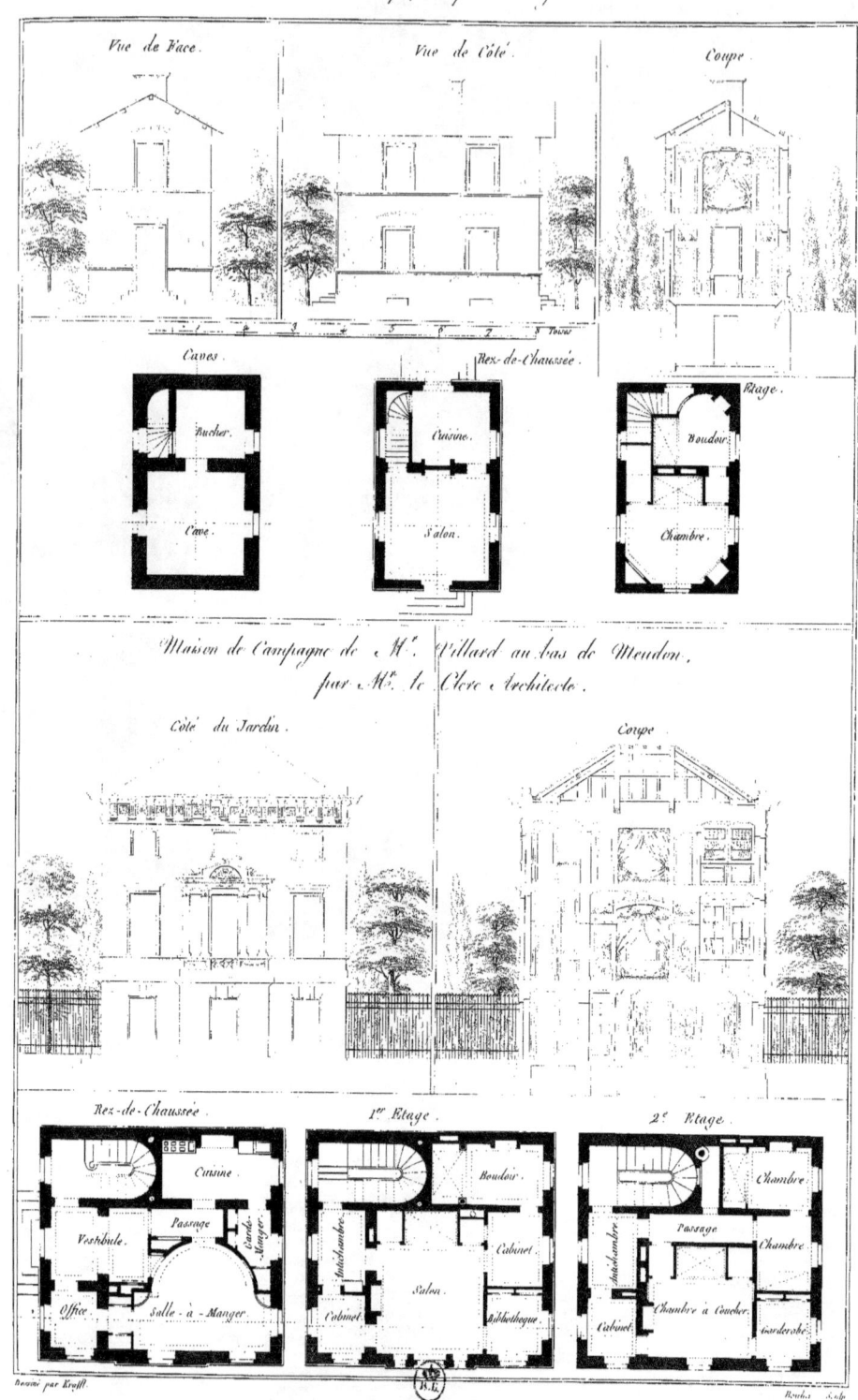

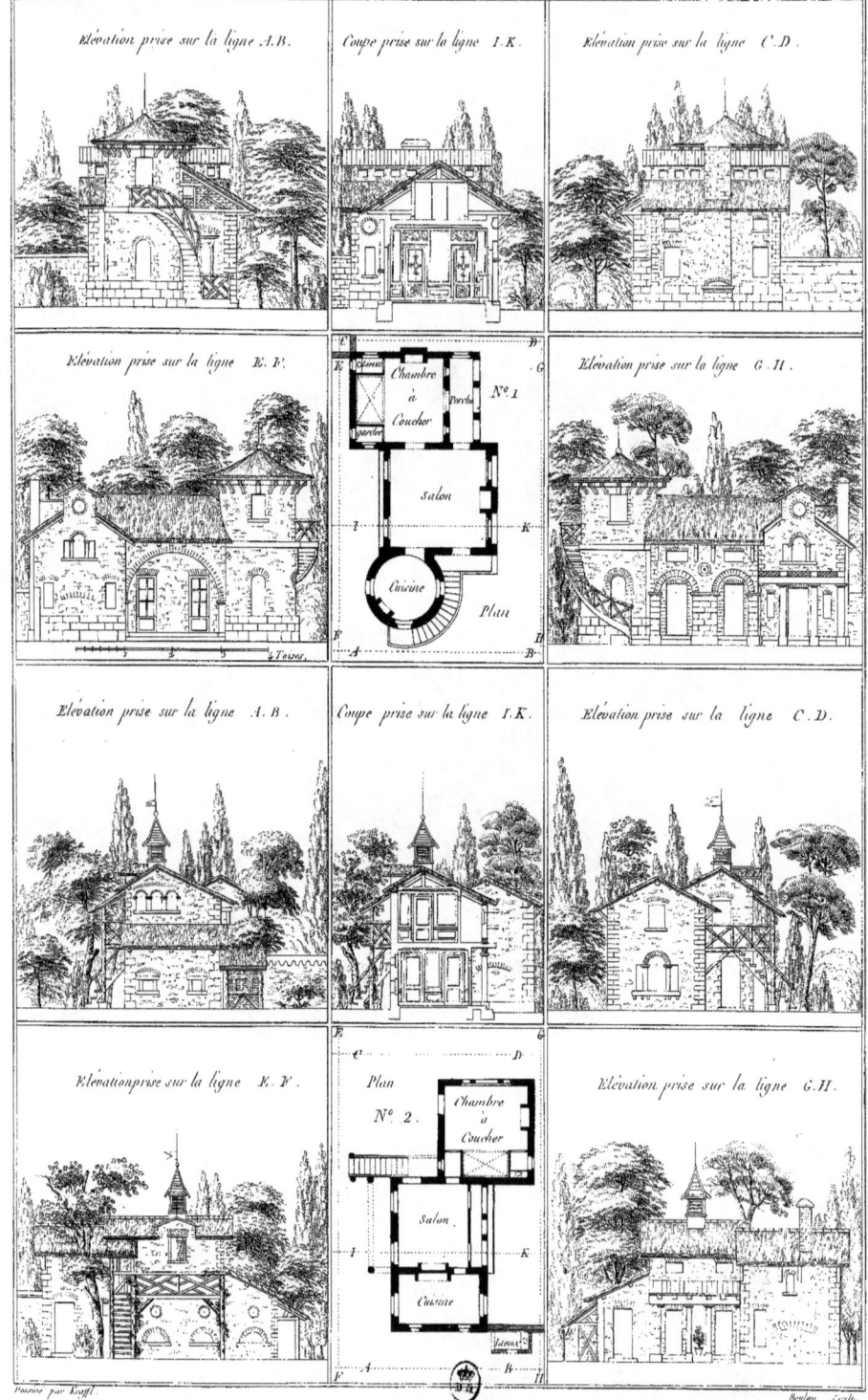

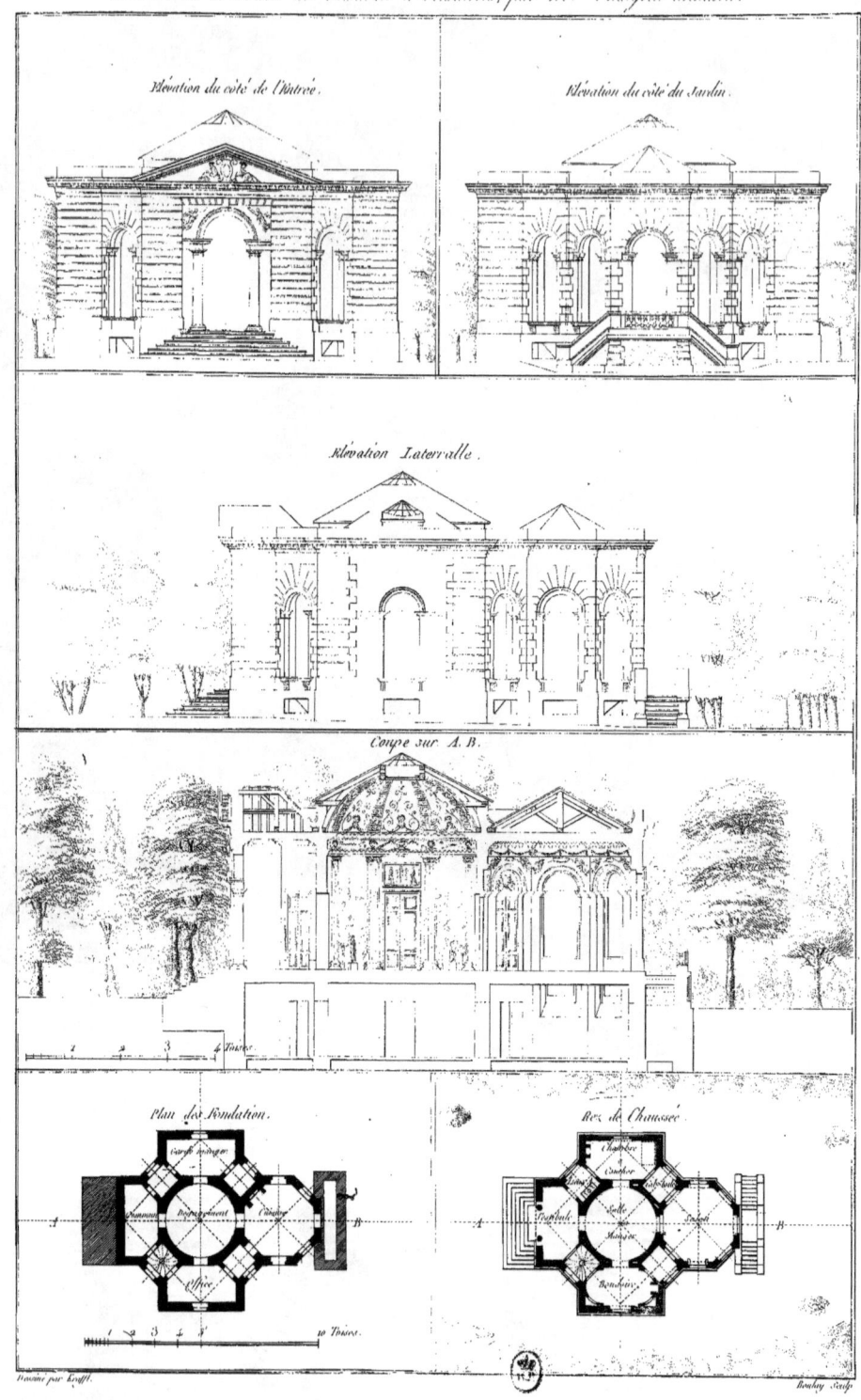

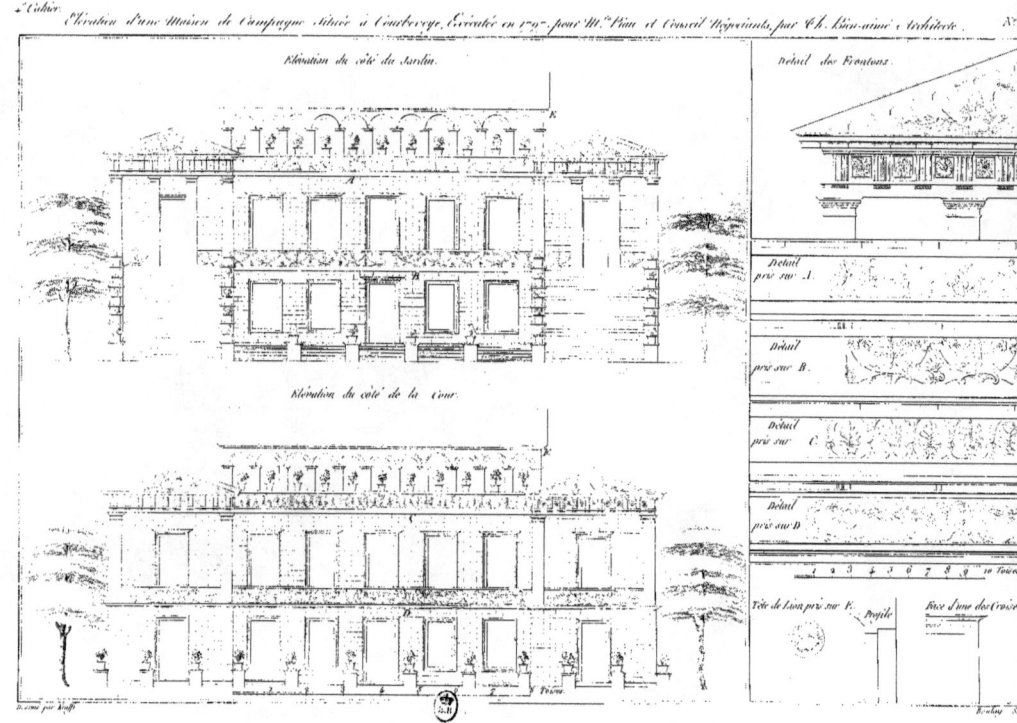

4.e Cahier.   Suite de la Maison de Campagne de Mr Piau et Conseil Végétants.   N.º 20

Coupe prise au Milieu.

Élévation latéral.

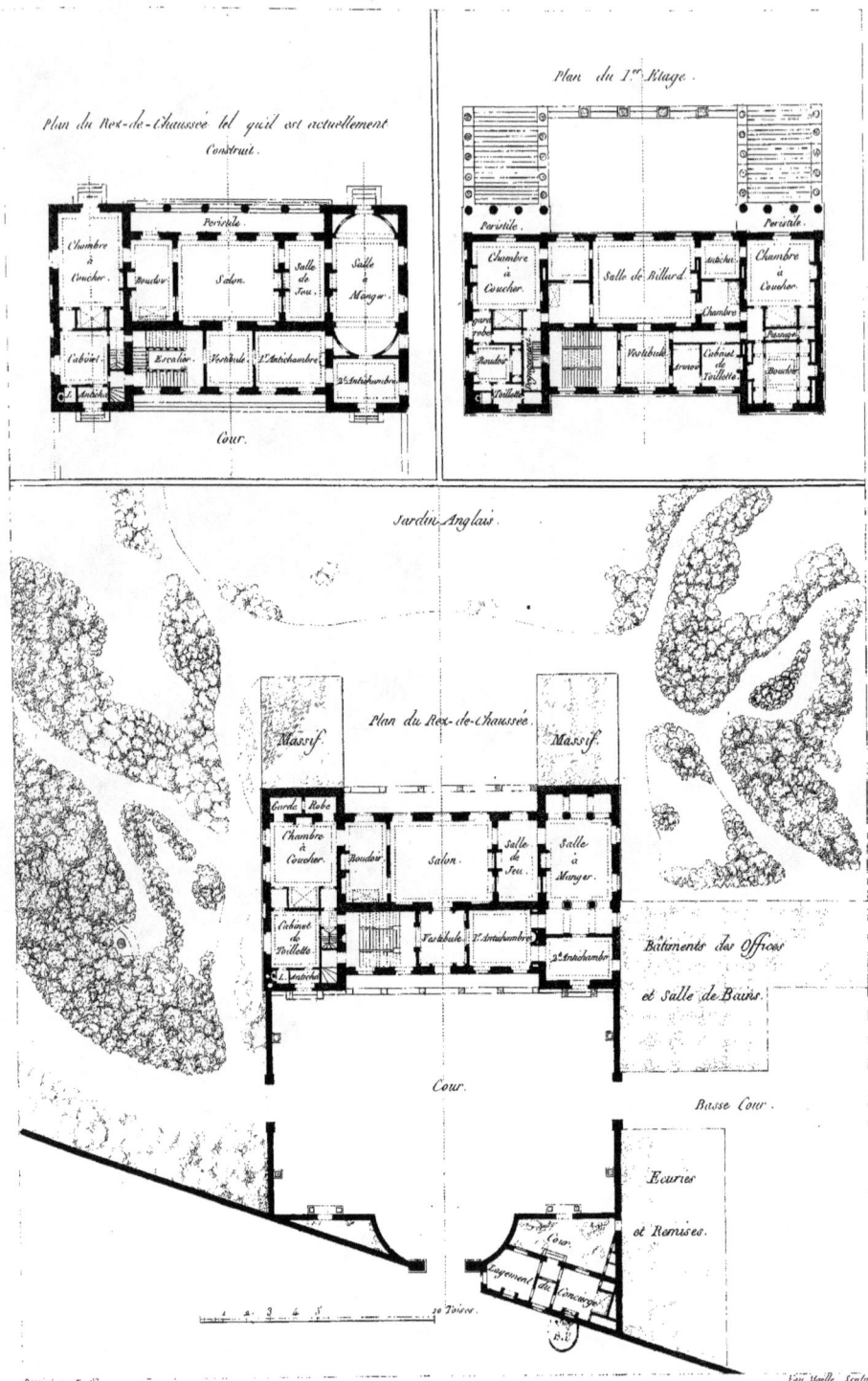

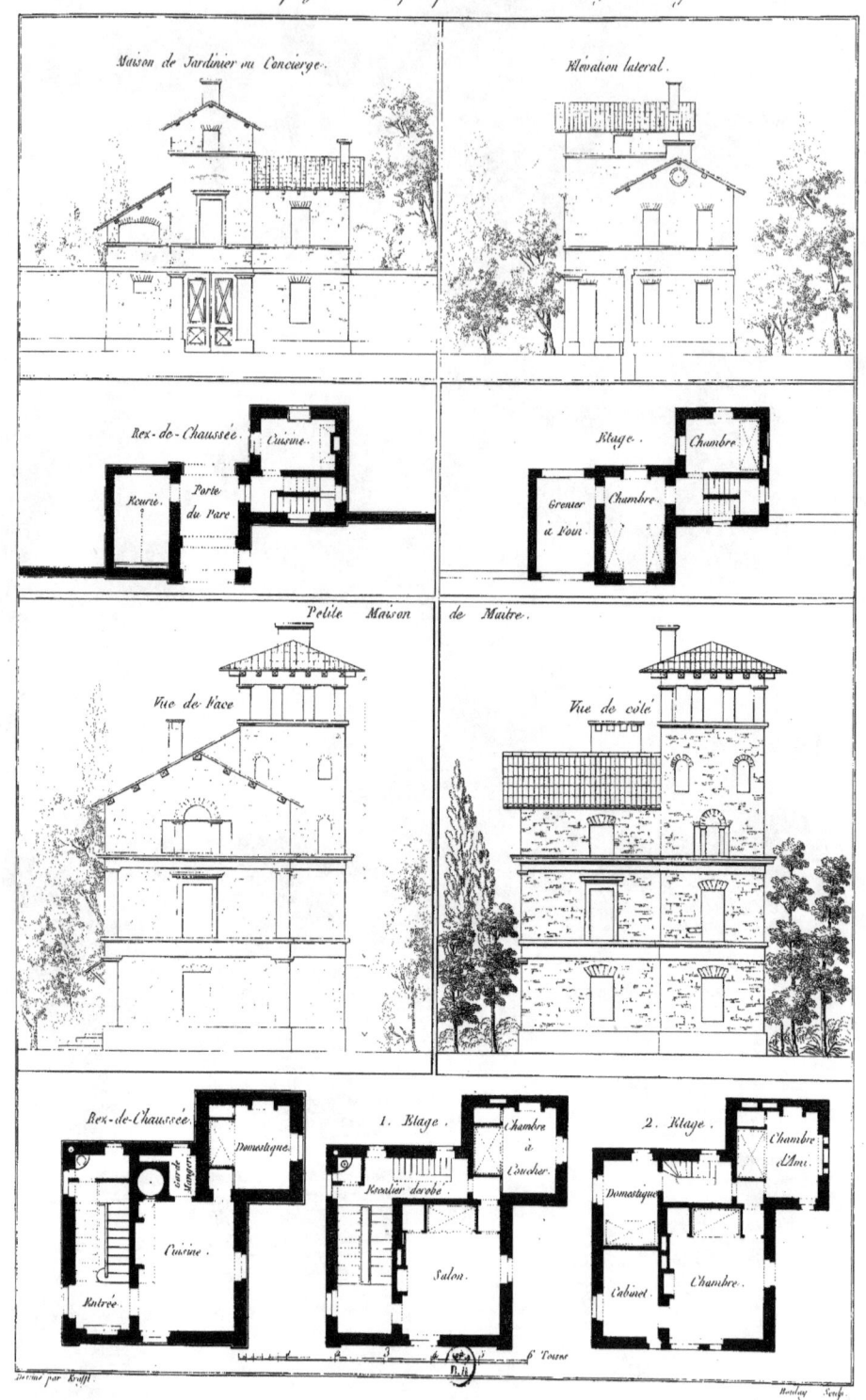

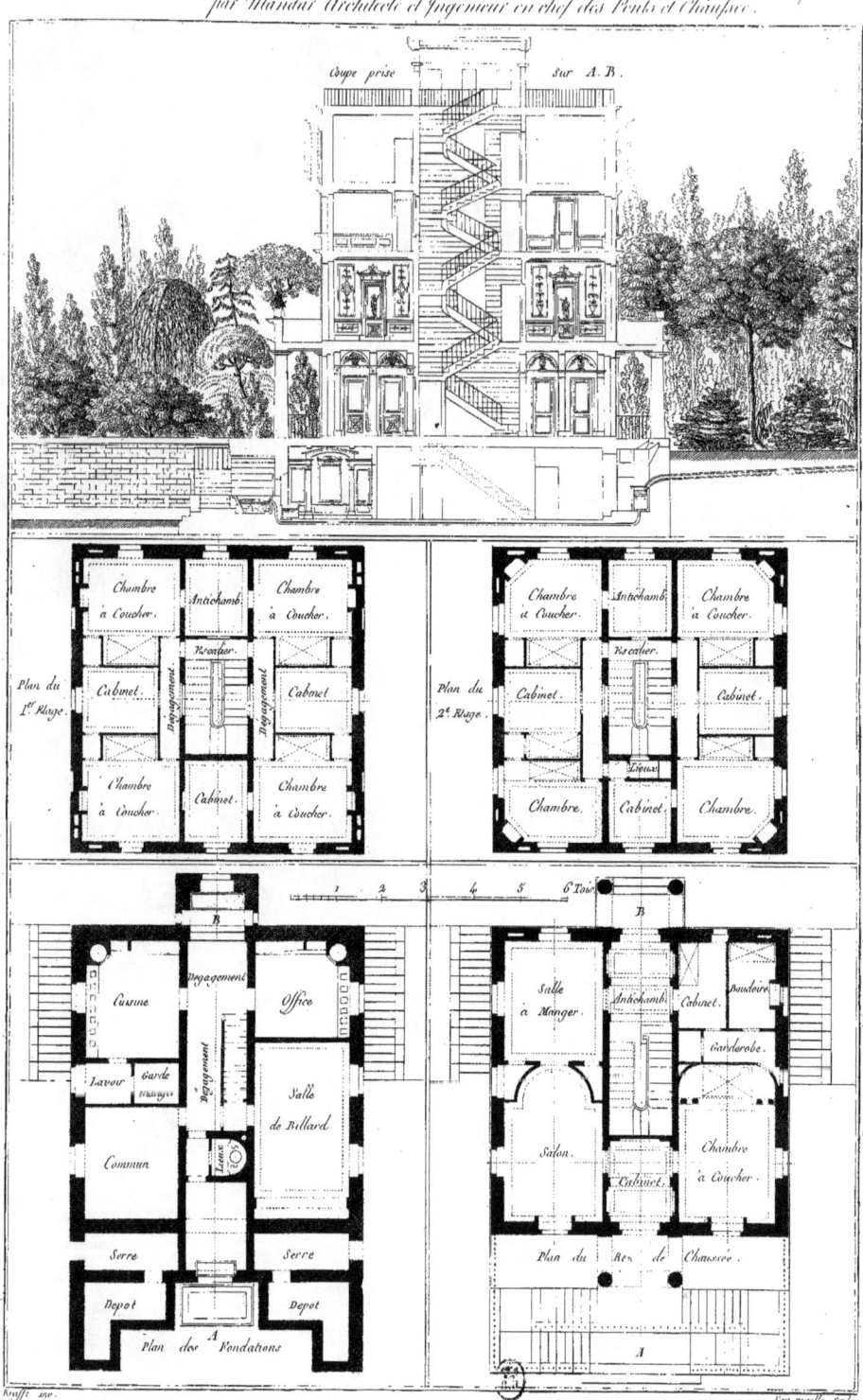

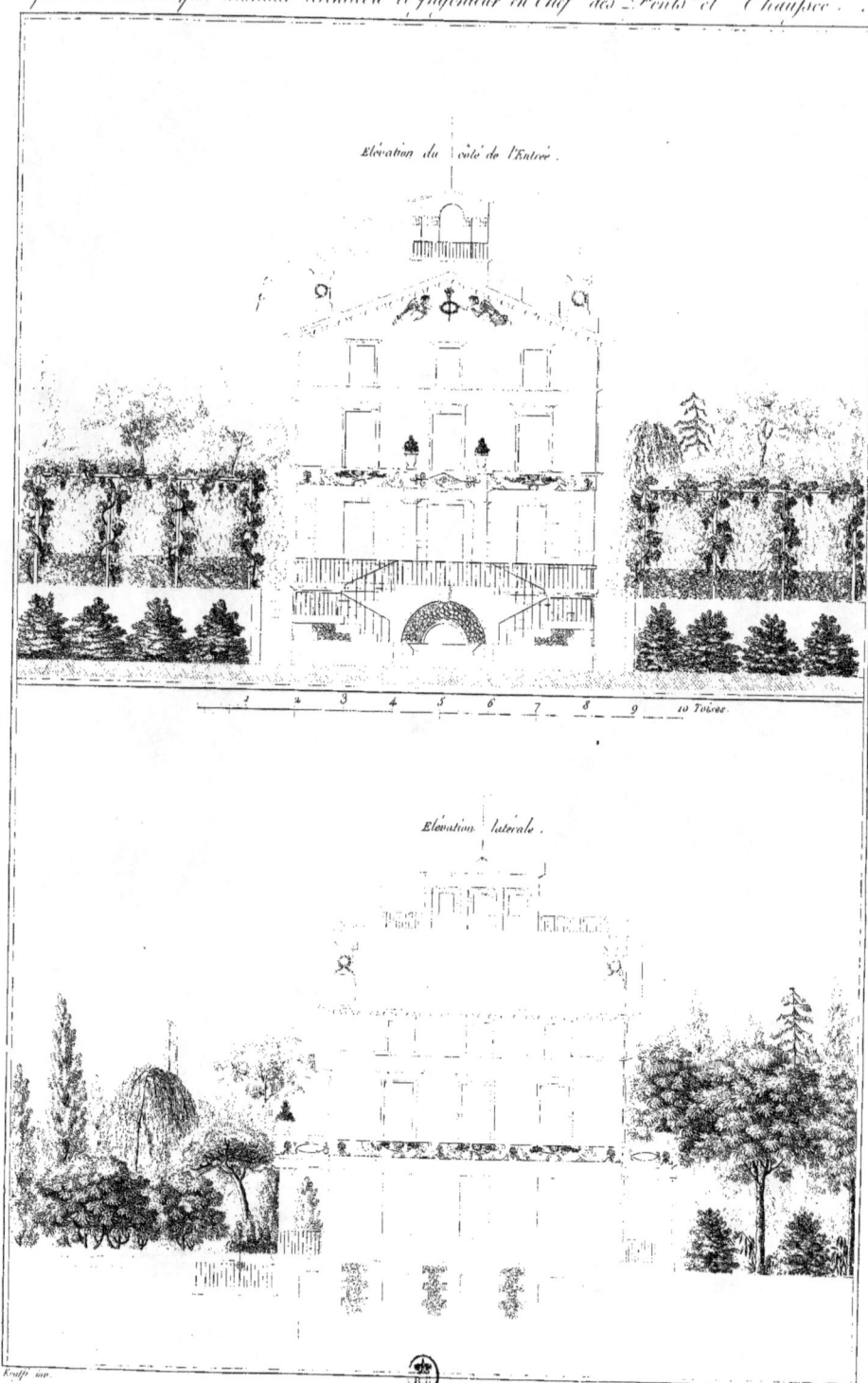

Cah. 5. Maison de Campagne commancée en 1792 pour M. du G...... Pl. 26. près Malmaison par Mandar Architecte et Ingénieur en Chef des Ponts et Chaussée.

Elévation du côté de l'Entrée.

Elévation latérale.

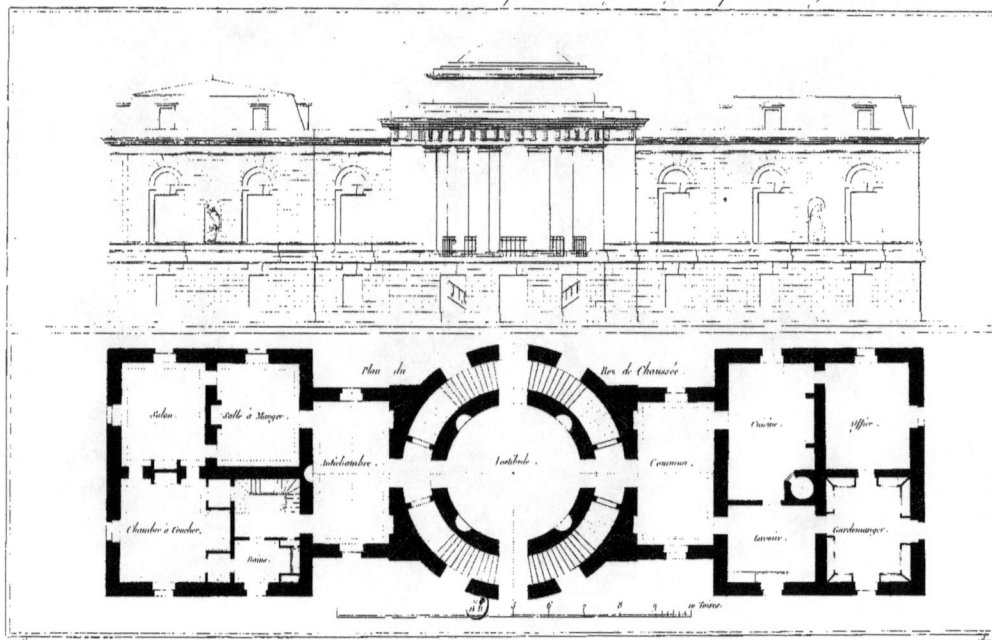

Plan et Élévation du Château de Montmusard, bâtie pour Mr Voyer d'Argenson, par de Wailly Architecte.

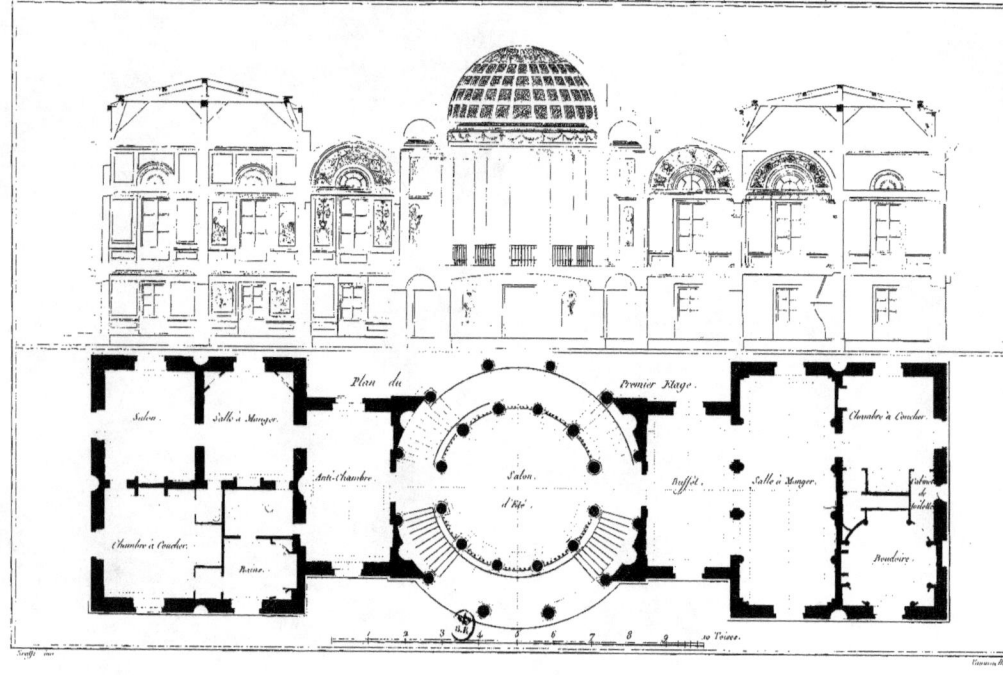

Cahier 5. Diverses fabriques construites jardin du cidev. Château de Ville d'Avray. Pl. 29. par le Sr Perre Architecte.

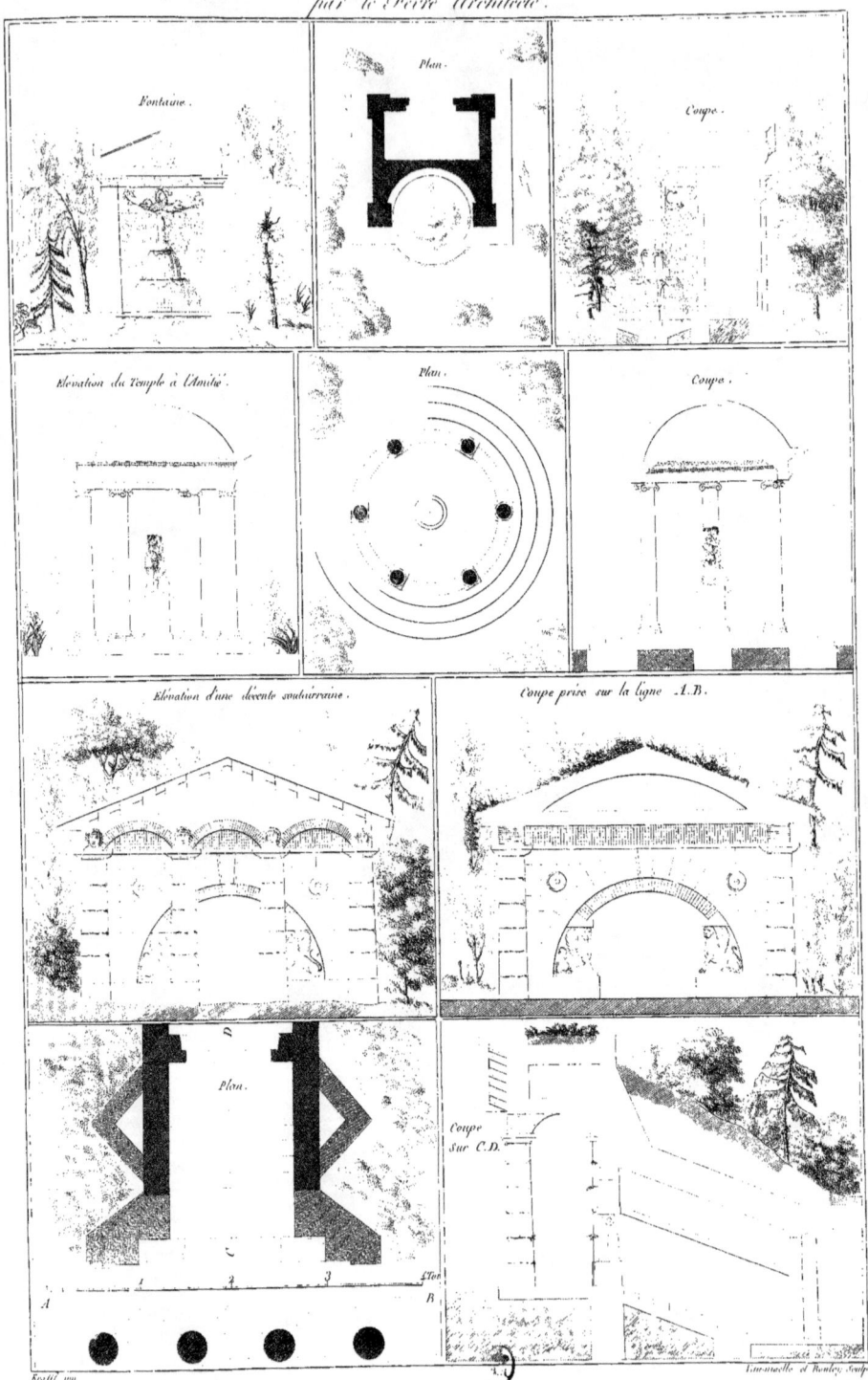

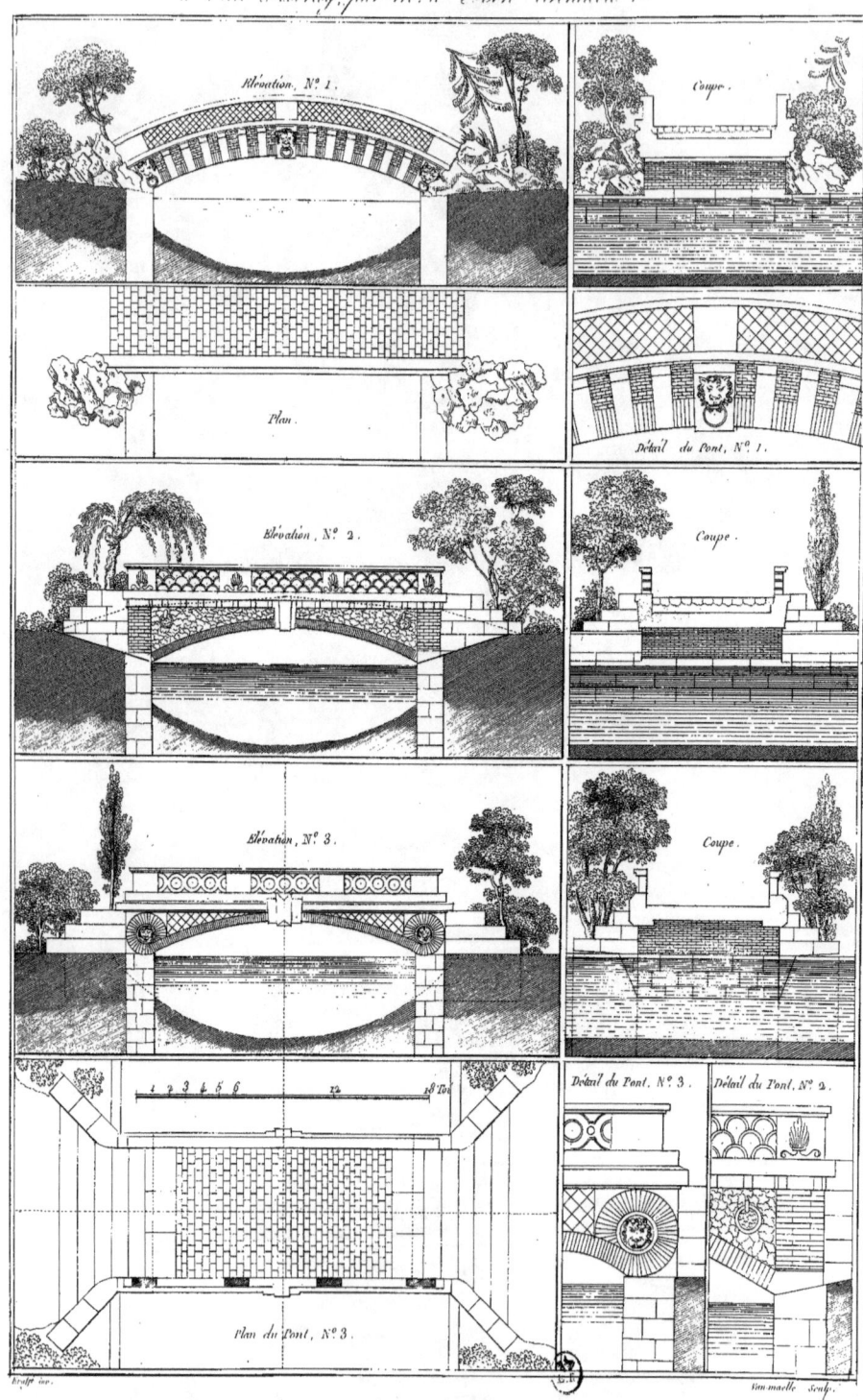

Trois petits ponts Construit dans le jardin ci-devant de M. Thierry à Ville d'Avray, par M. le Pierre Architecte.

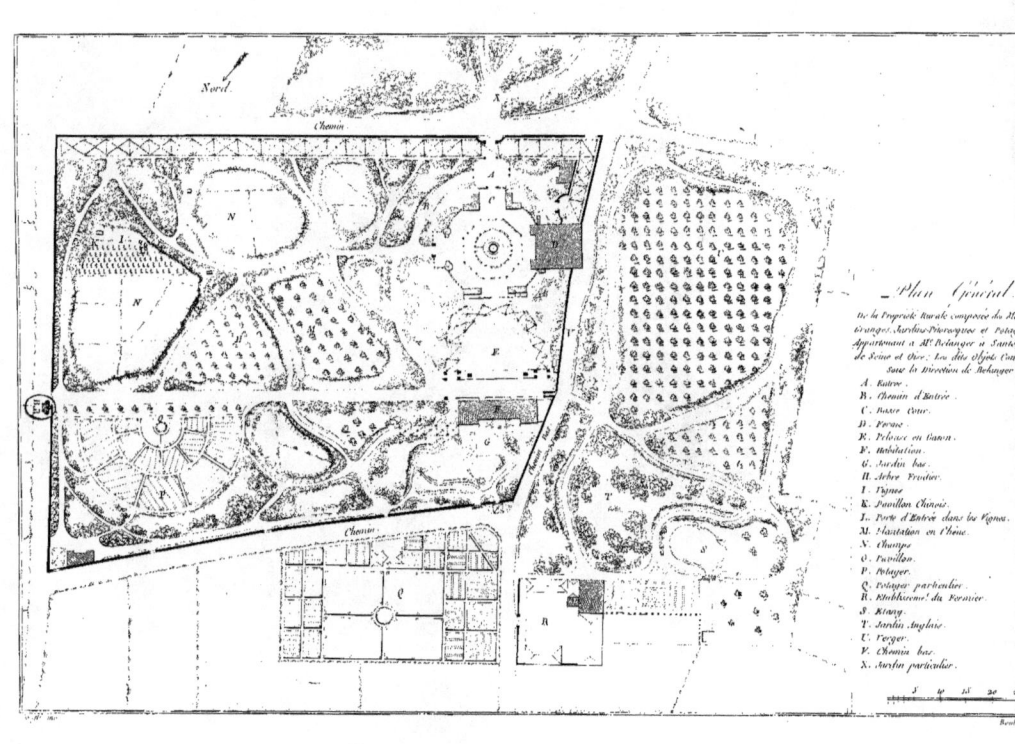

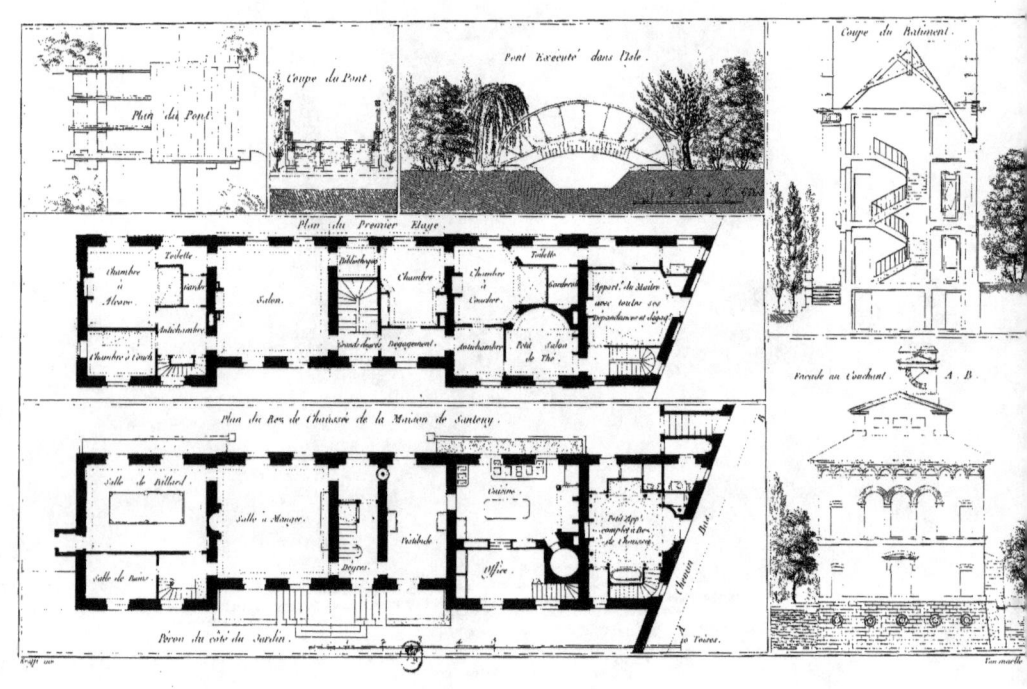

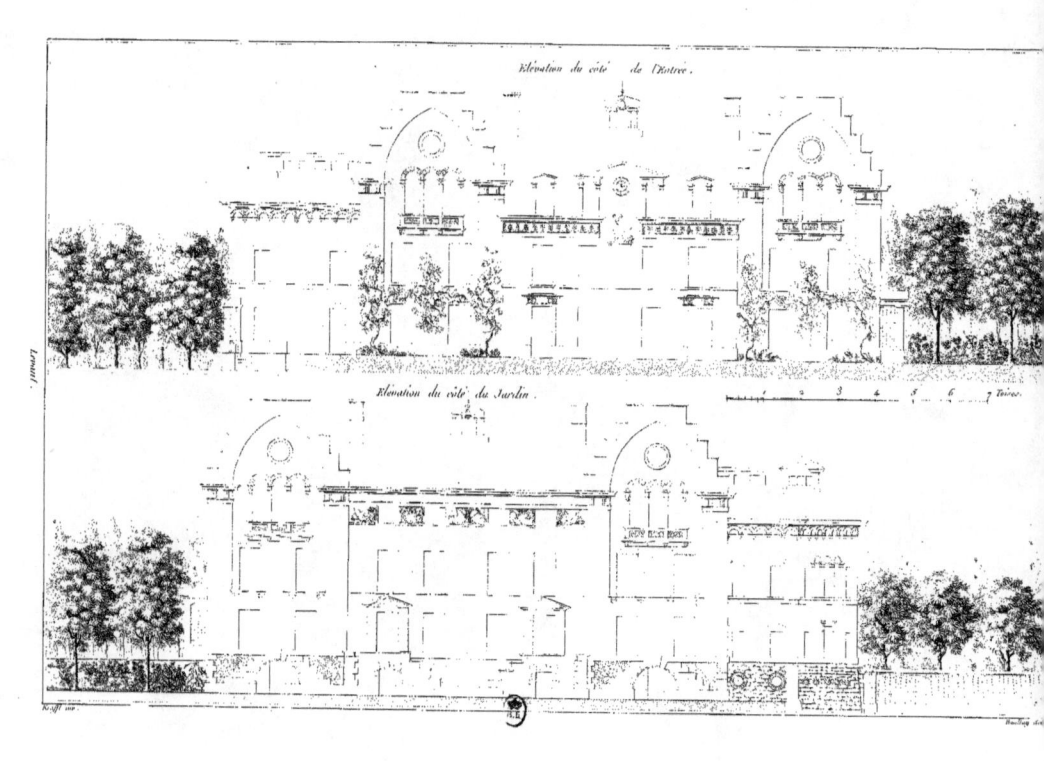

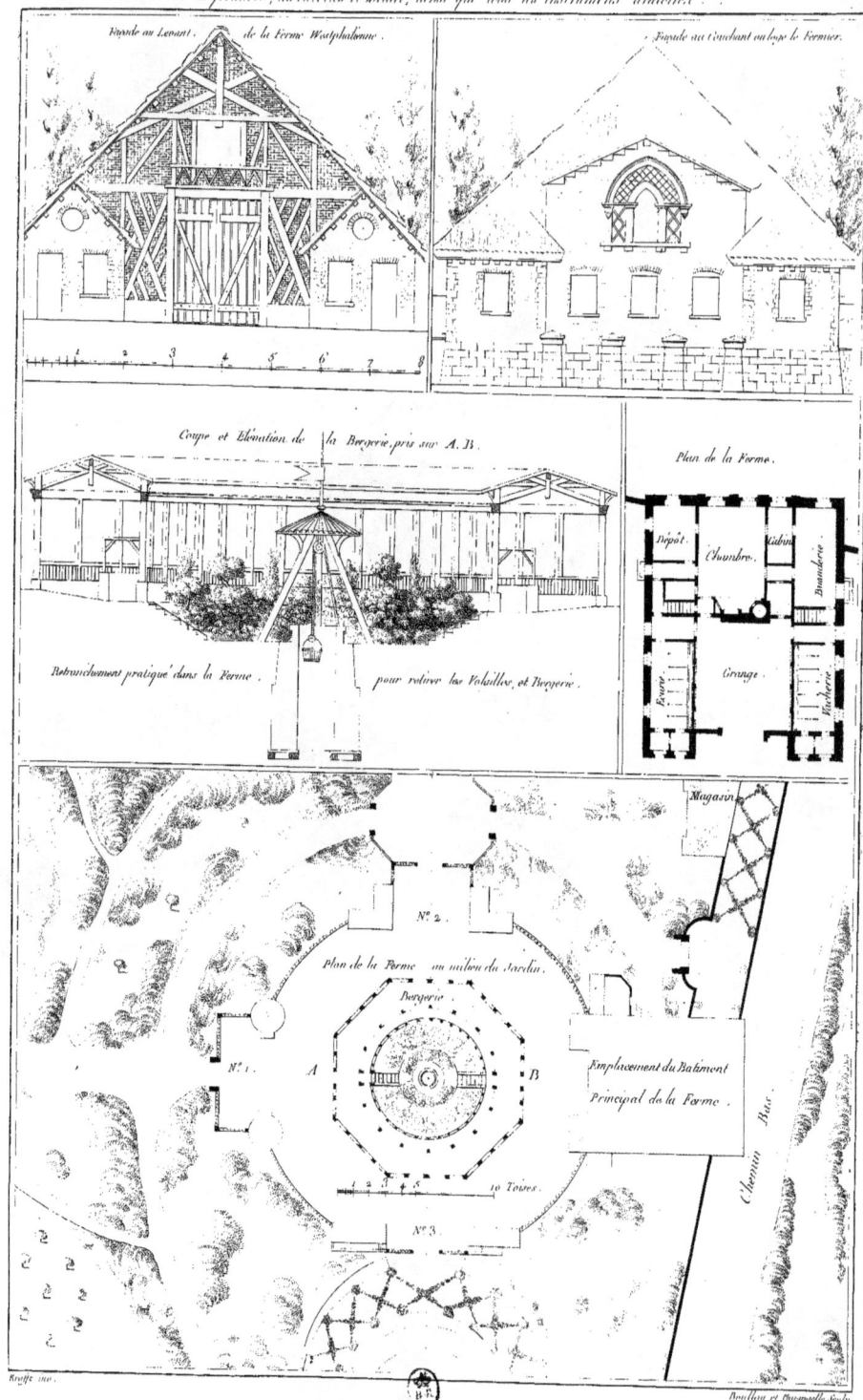

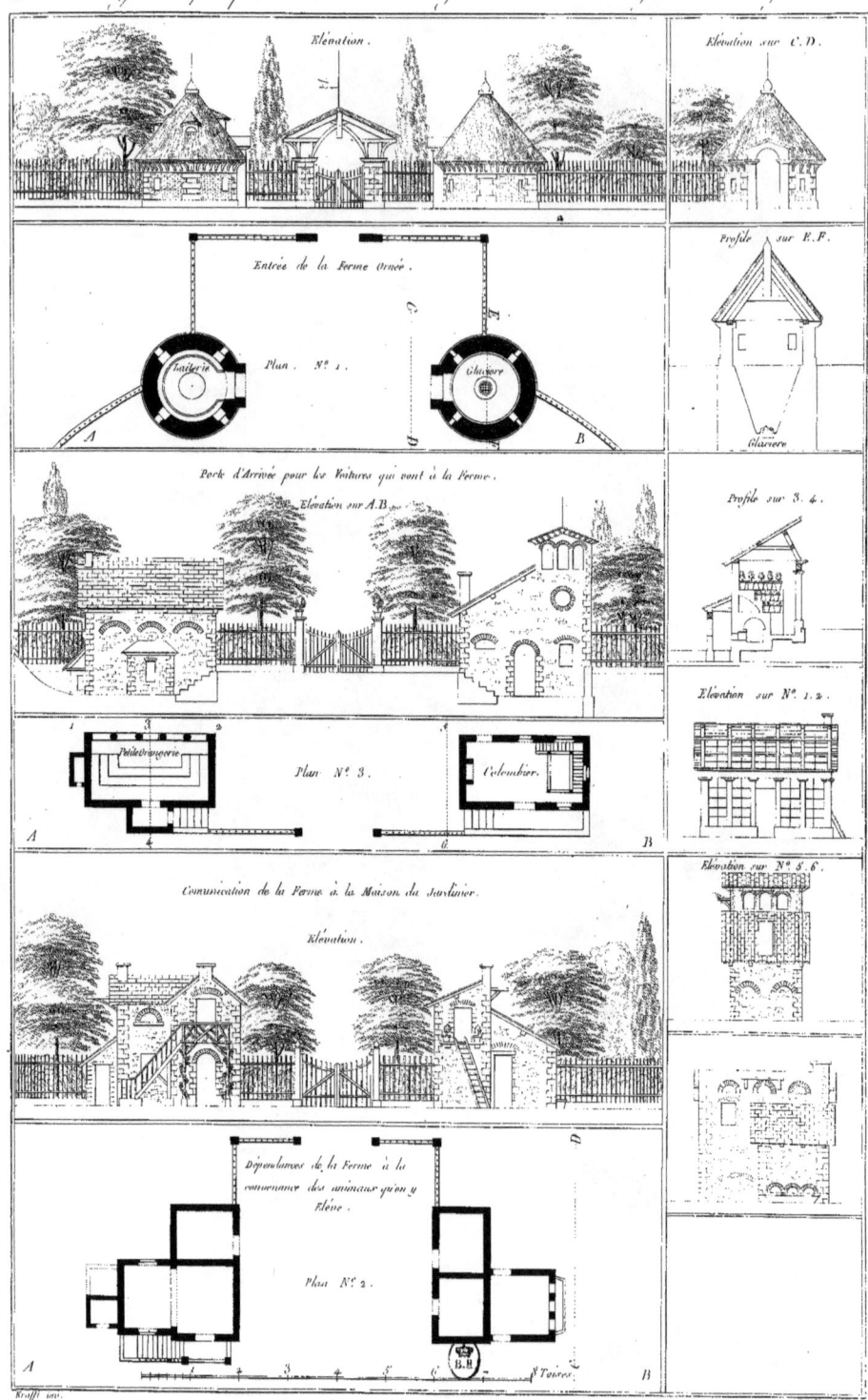

Détail de différentes fabriques exécutées dans les Jardins de M.ʳ Belanger à Santeny.

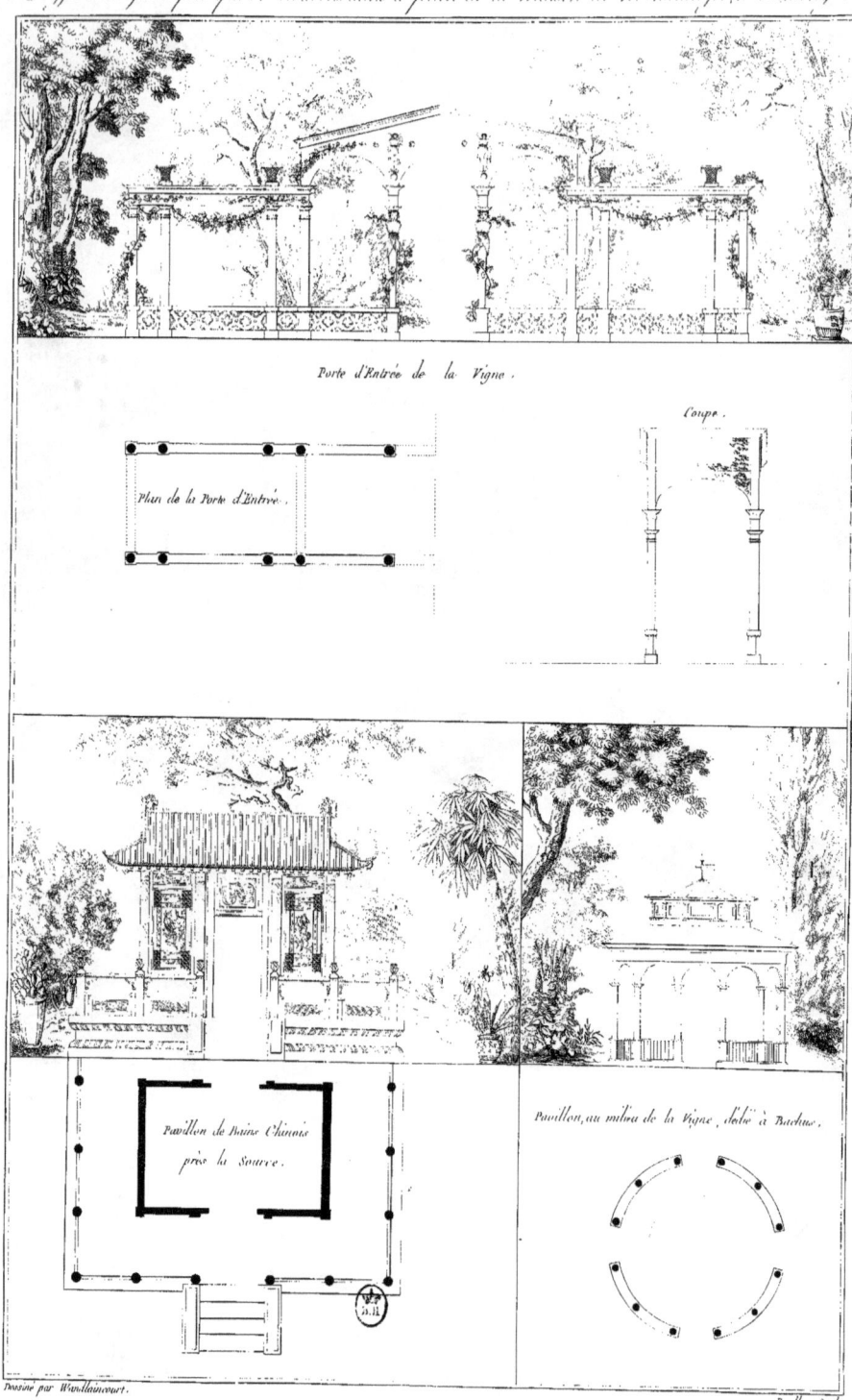

Cah. 6.ᵉ *Différentes fabriques qui se trouvent dans le plan de la Maison de M.ʳ Belanger, à Santeny.* Pl. 36.

Porte d'Entrée de la Vigne.

Plan de la Porte d'Entrée.

Coupe.

Pavillon de Bains Chinois près la Source.

Pavillon, au milieu de la Vigne, dédié à Bachus.

Dessiné par Wandlaincourt. Boullay Sculp.

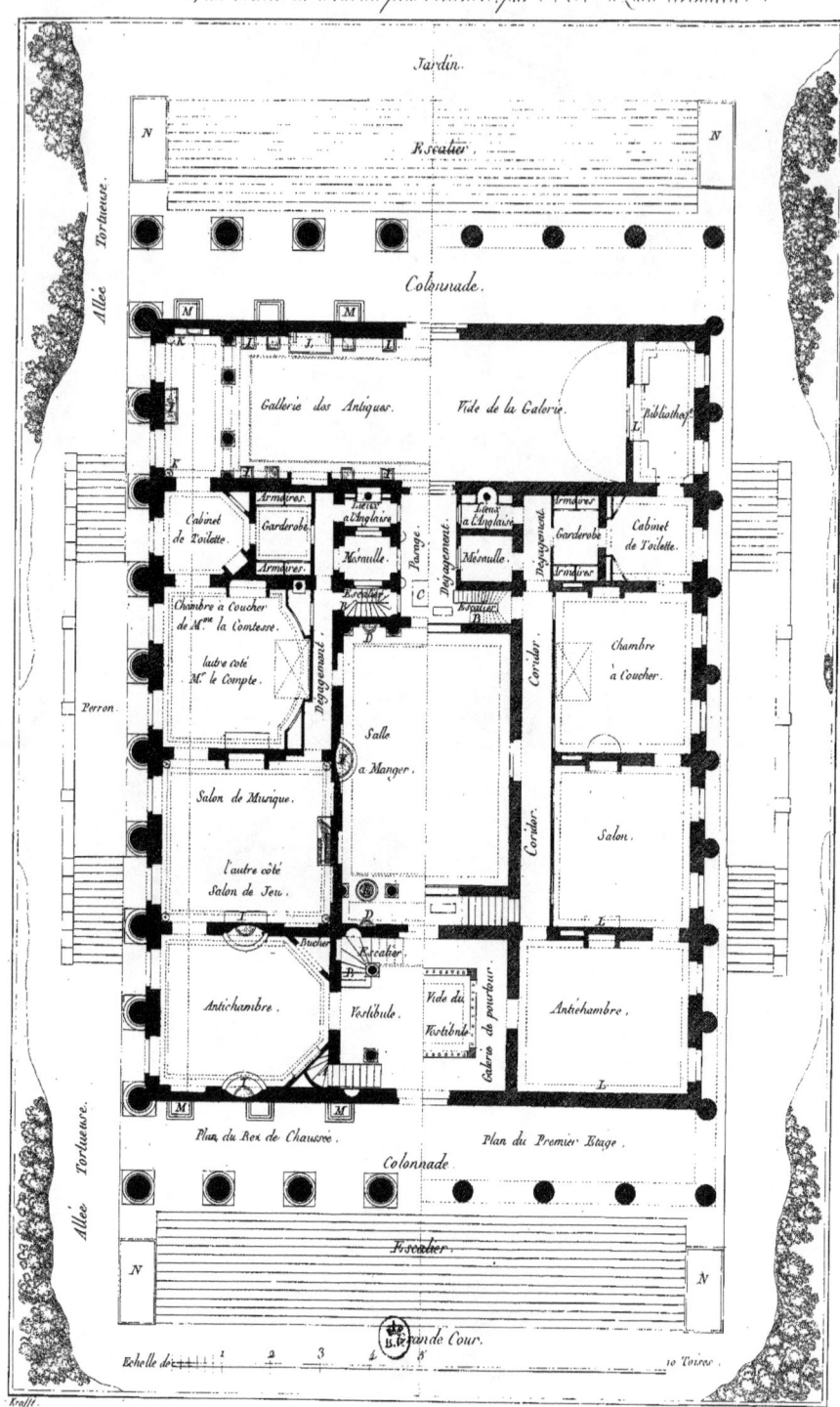

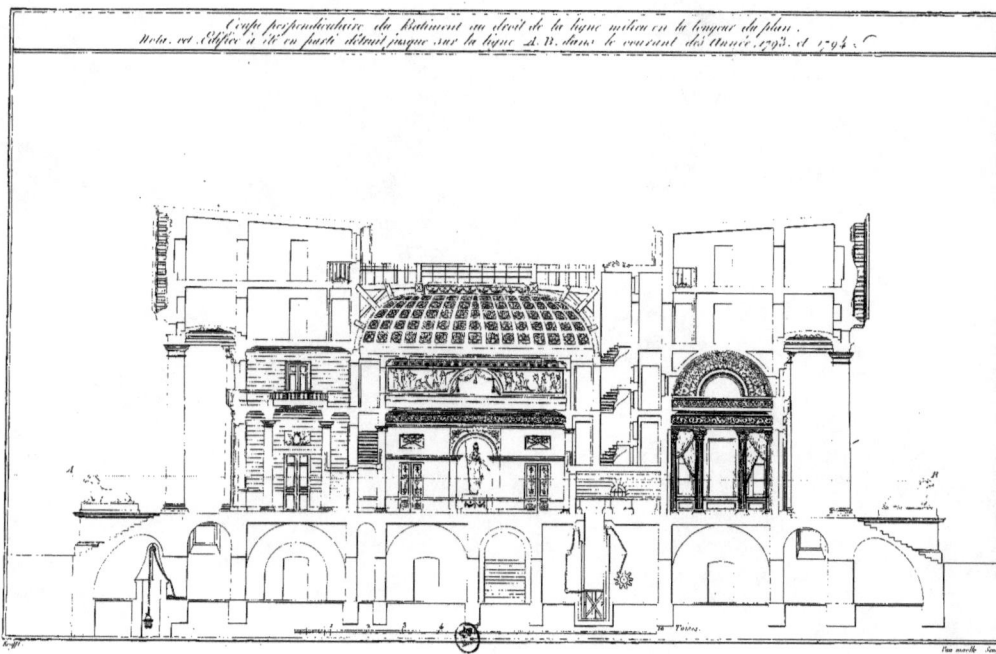

Cah. 7. Élévation côté de l'Entrée de la Maison de plaisance, appelé le Temple du silence. Pl. 39.

Élévation côté de l'Entrée.

Élévation Latérale, dont les vues sont dirigées sur les Plaines riantes que la Seine arrose, et sur le Jardin Chinois.

Cah. 7.   Pl. 40.
Diverses fabriques construites jardin du cidevant Château de Ville d'Avray, par Lefevre architecte.

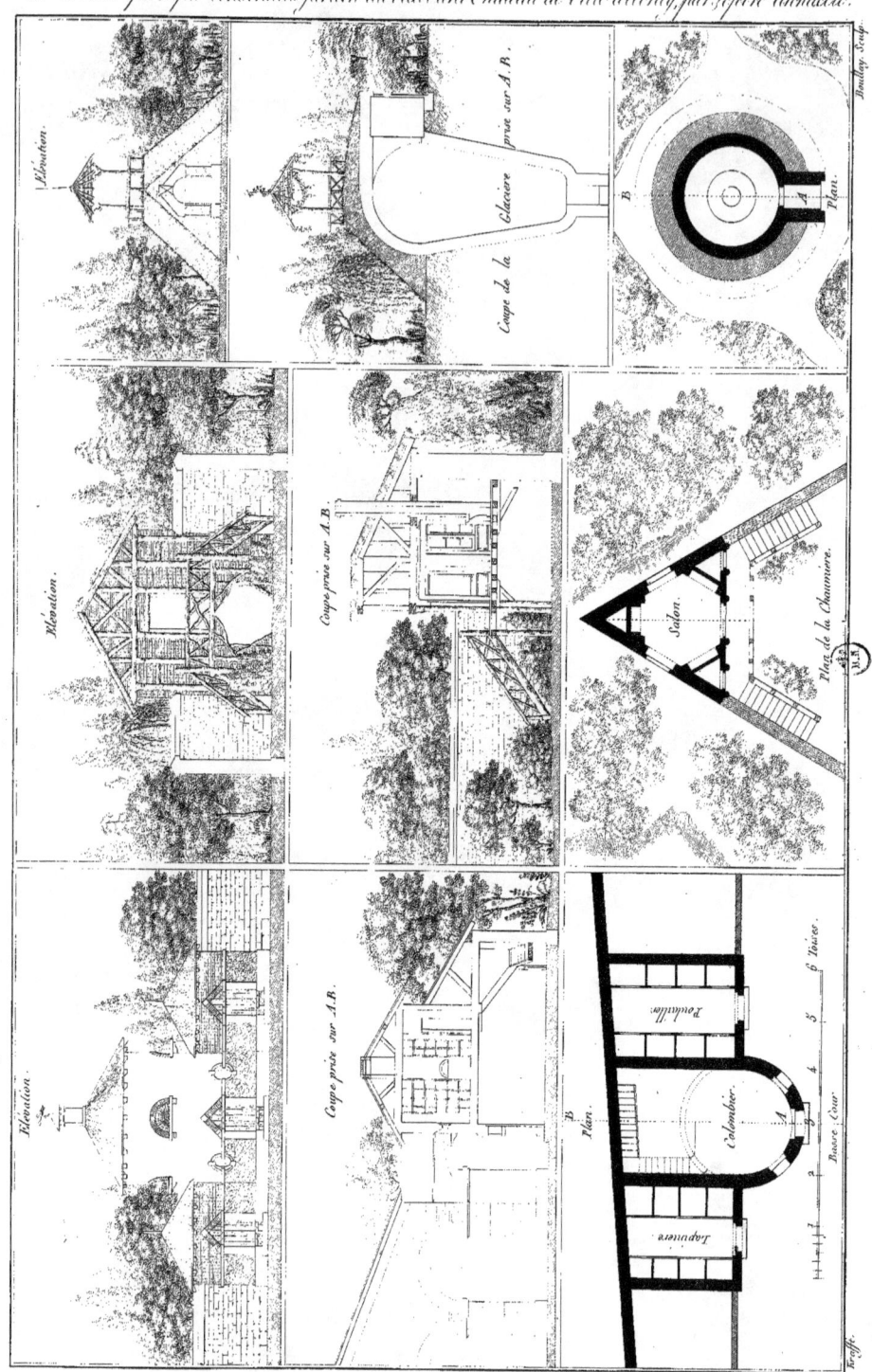

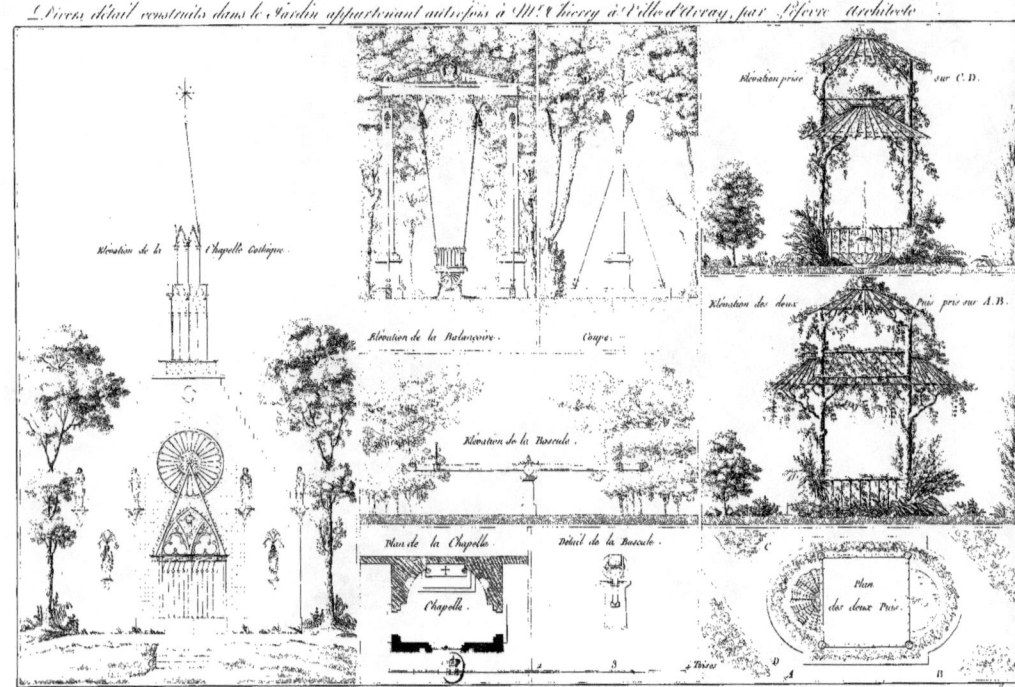

Plan et Élévation d'un Pont construit sur la Rivière du Parc de Cassan, appartenant à Mr. Hypolitte, par Mr. Huvens Architecte.

Cah. 7.   Pl. 42.

Détail de la Coupe du Pont et de son assemblage.

Élévation.

Détail du Pont vu de biais.

Plan du Pont vû Couvert et découvert.

Rivière.

Place.

Place.

Habitation.

Échelle pour les Détails.

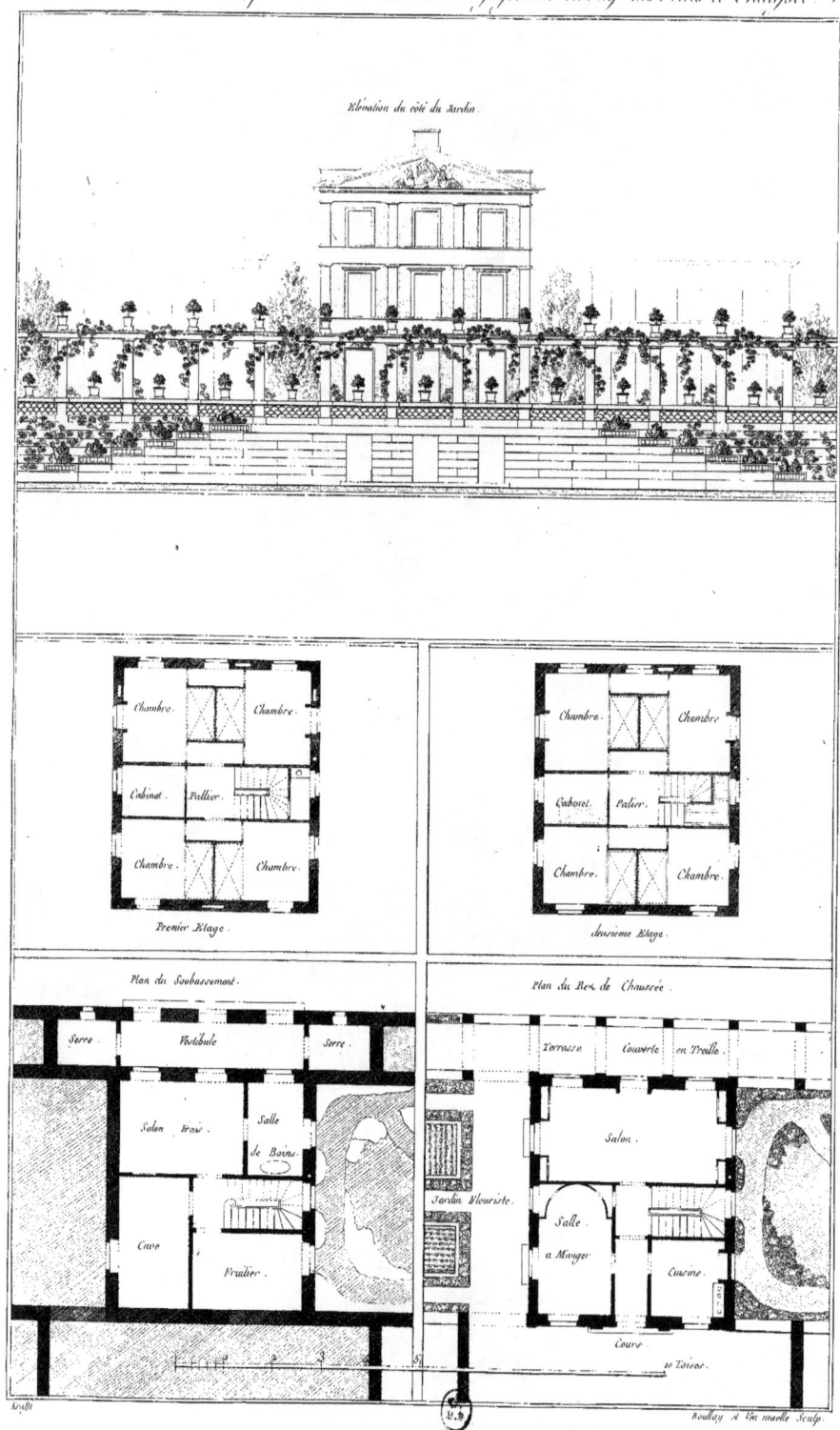

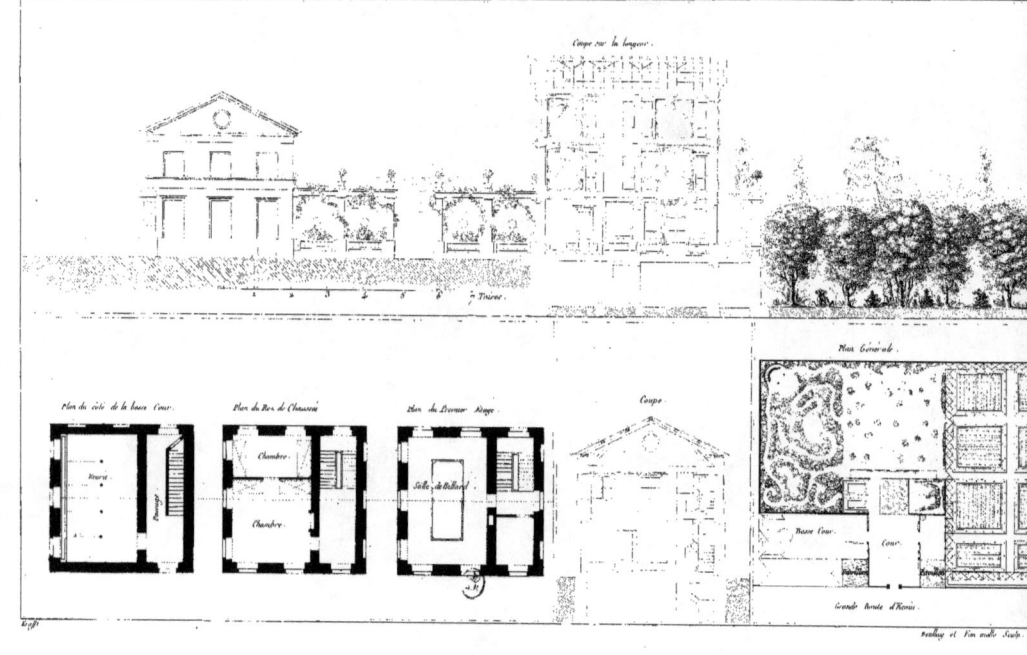

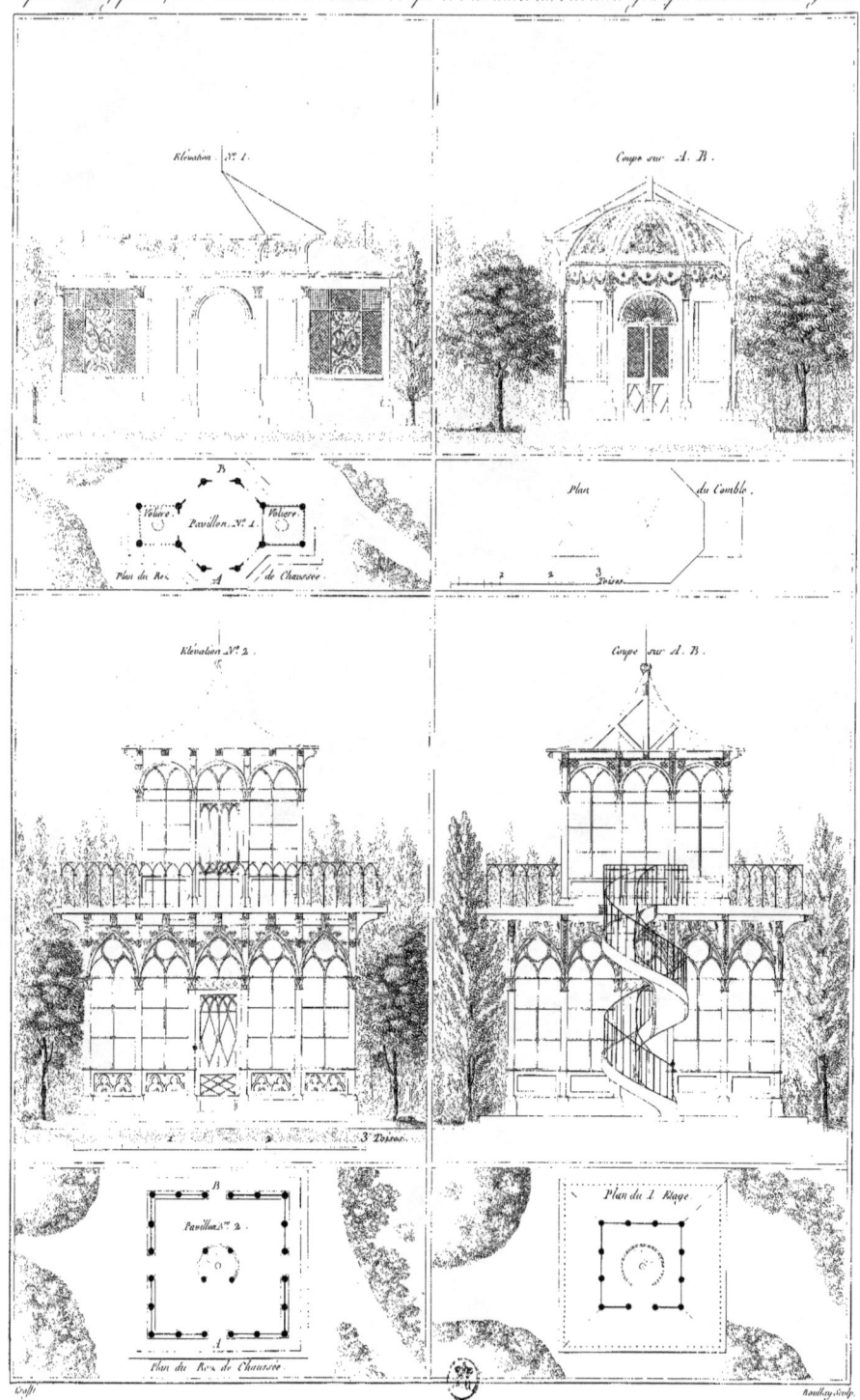

Plans Coupes Élévations et détail des deux Chaumières au cidevant jardin de Chantilly, par le Roy, Architecte. Nota, ces Chaumières sont en partie détruites.

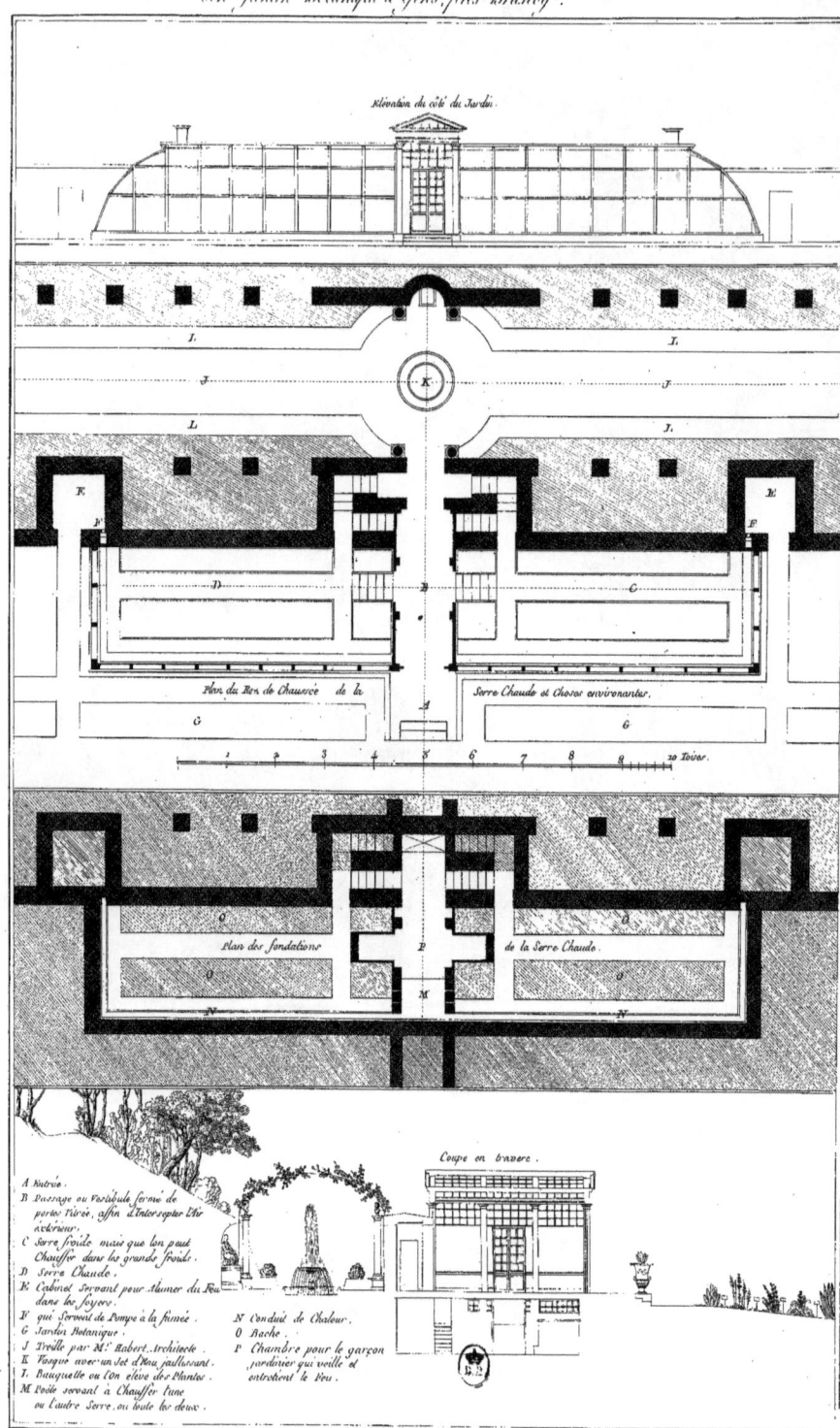

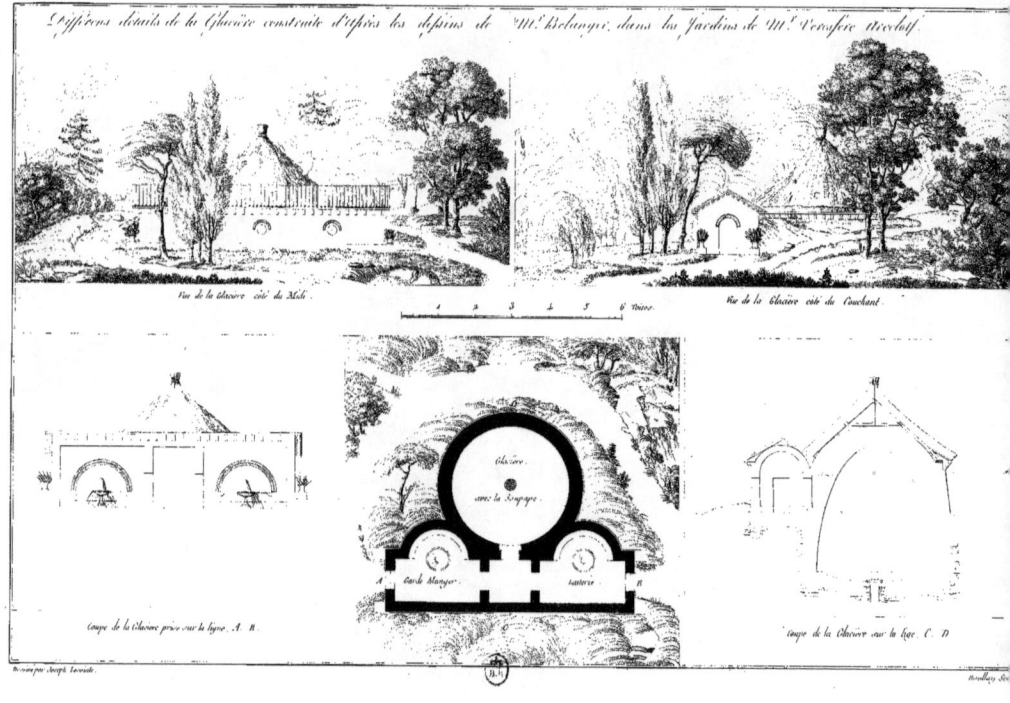

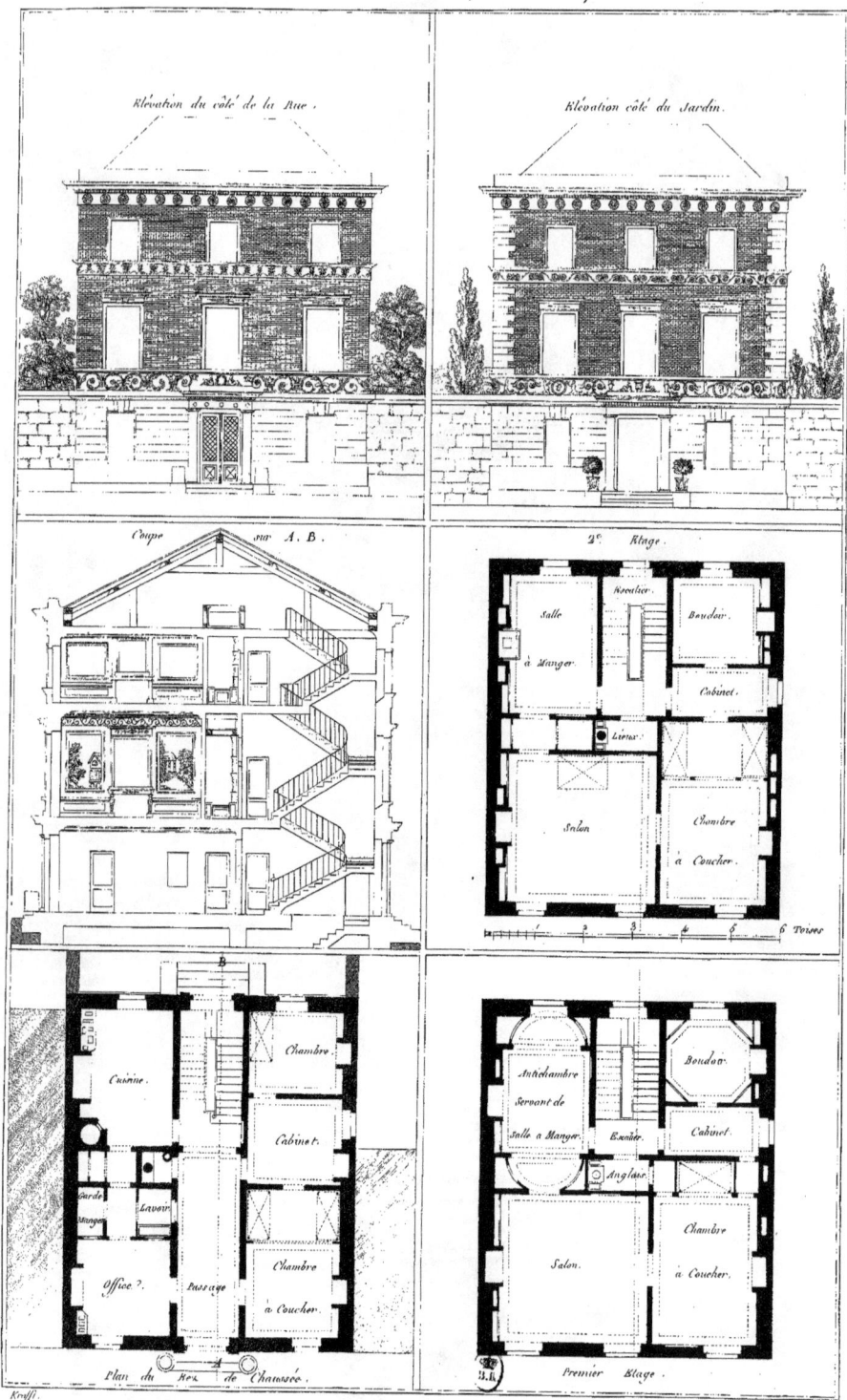

Cah. 2 Détail d'une Maison Construite à Étampes pour Mr. Lahay, sur les dessins de Mr. Brigant, Architecte. Pl. 30.

Élévation du côté de la Cour.

Élévation du côté du Jardin.

Coupe sur la longueur.

Plan des Fondations.

Lavoir. Cuisine. Commun. Cave. Office. Passage. Cave. Garde Manger. Bucher.

Plan du Rez de Chaussée.

Porche. Salon. Chambre à Coucher. Boudoir. Lieux Ang. Salle à Manger. Escalier. Cabinet de Toilette. Vestibule. Salle de Bain.

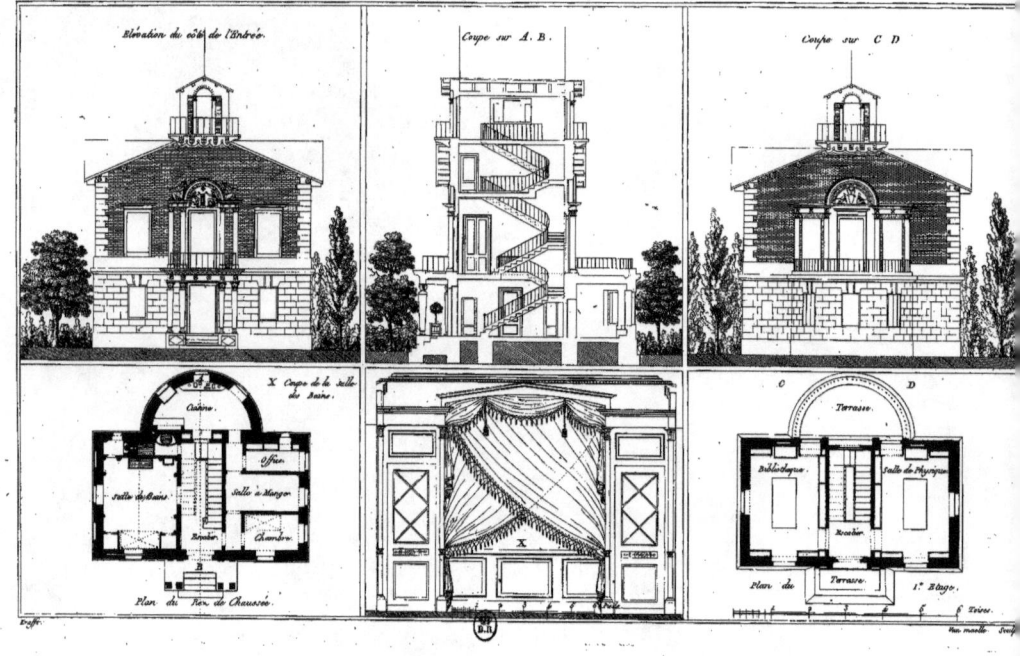

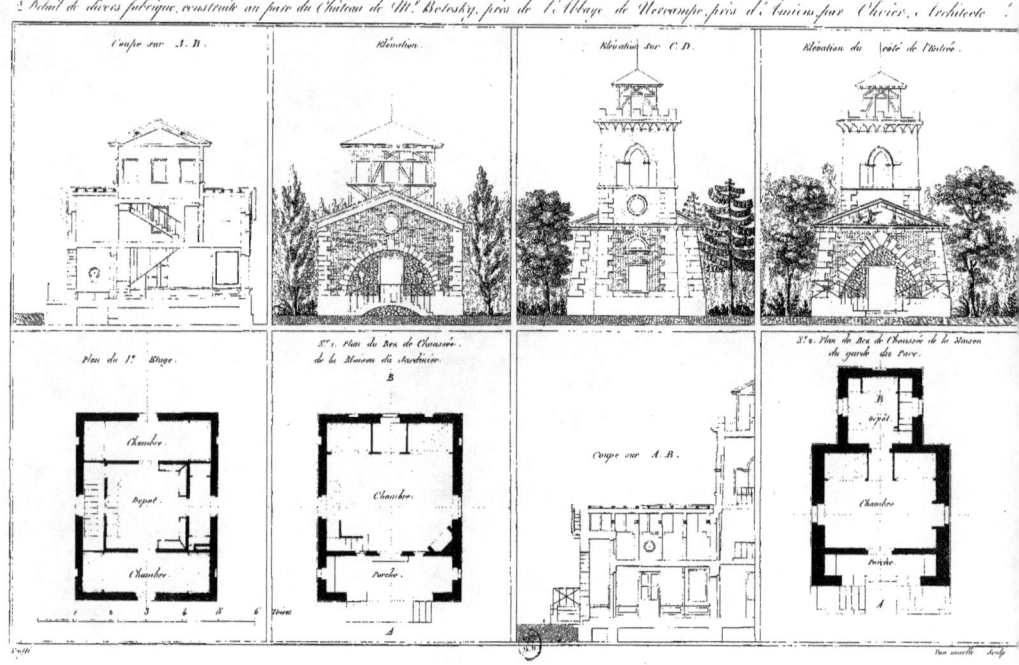

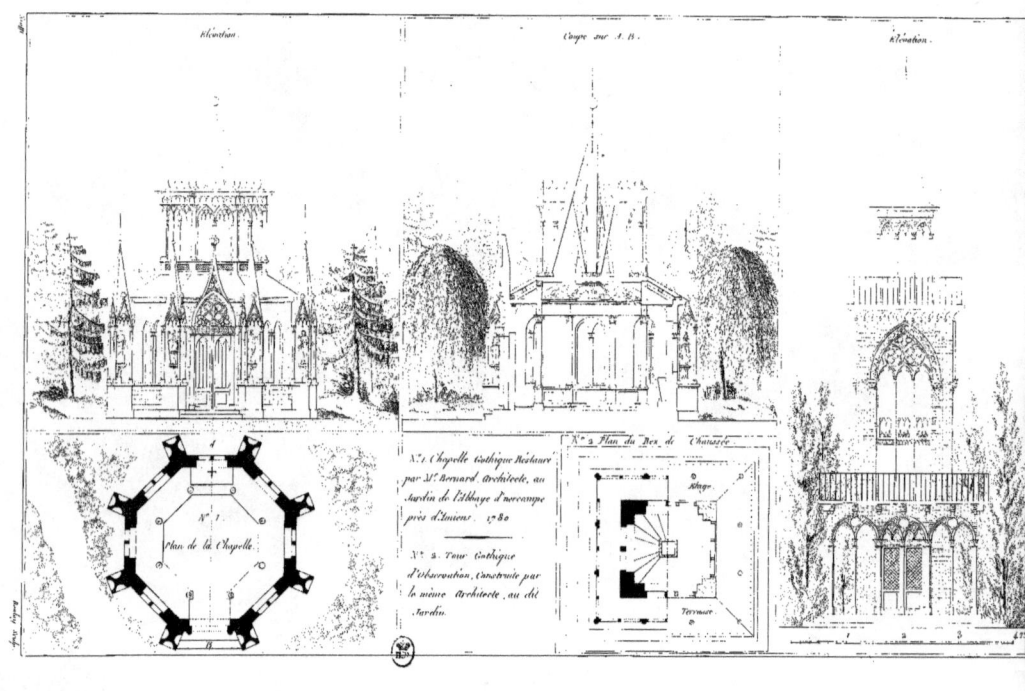

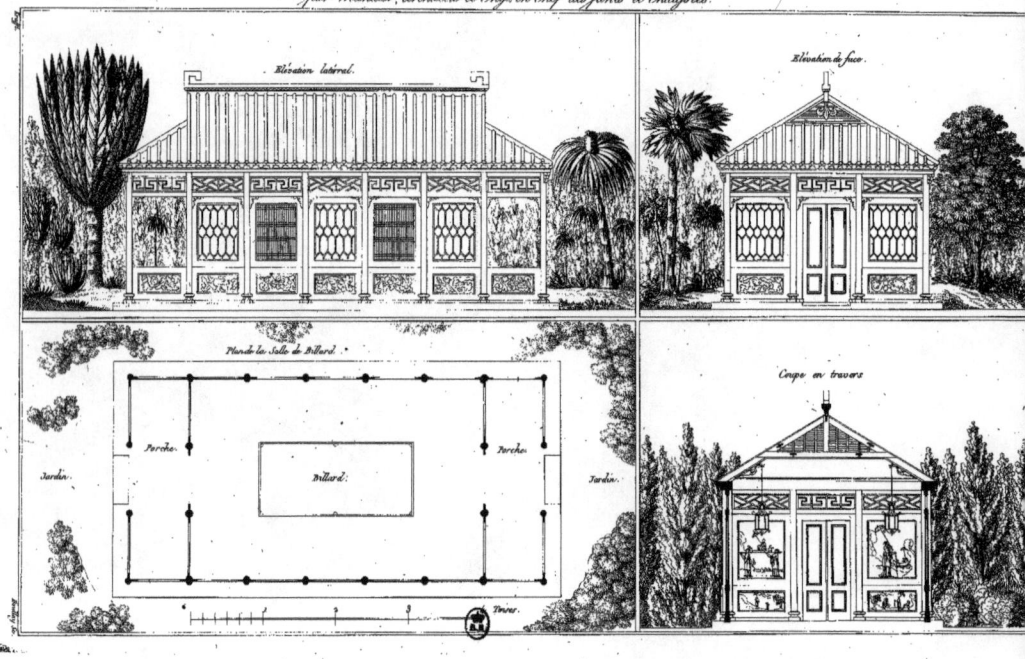

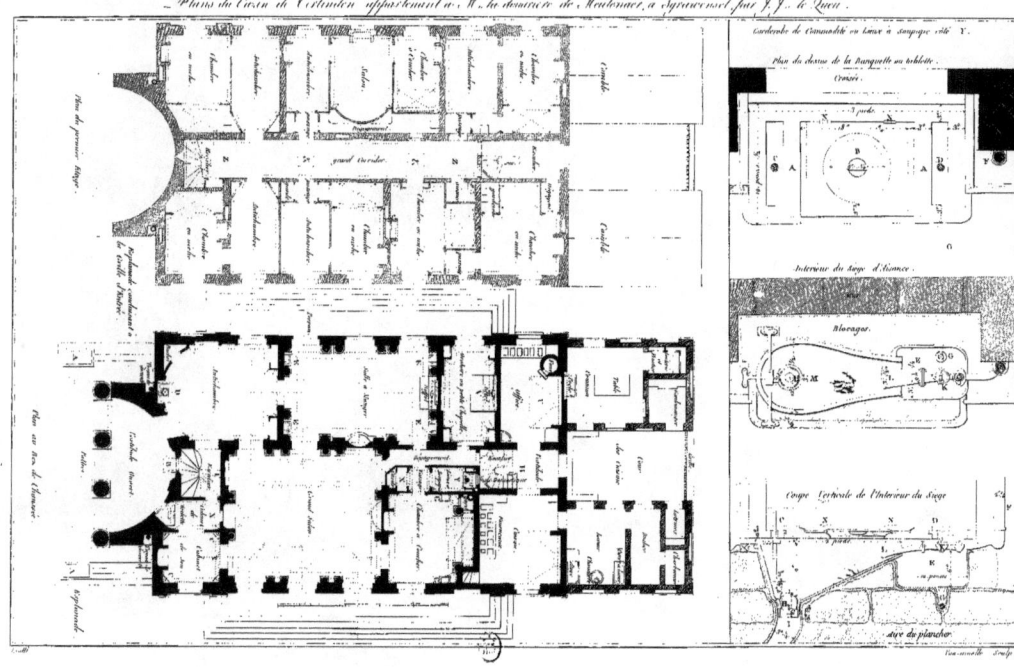

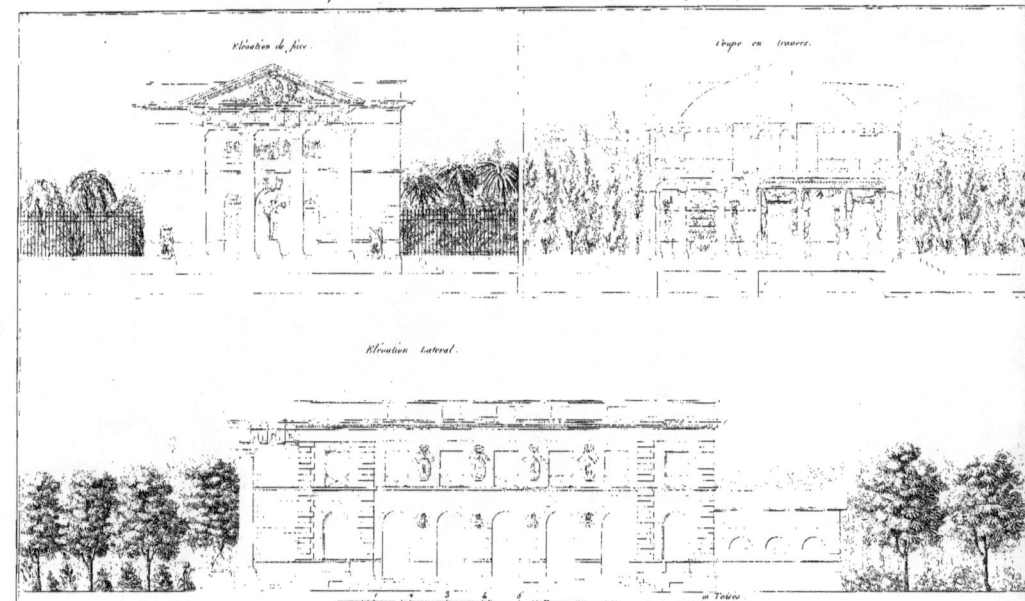

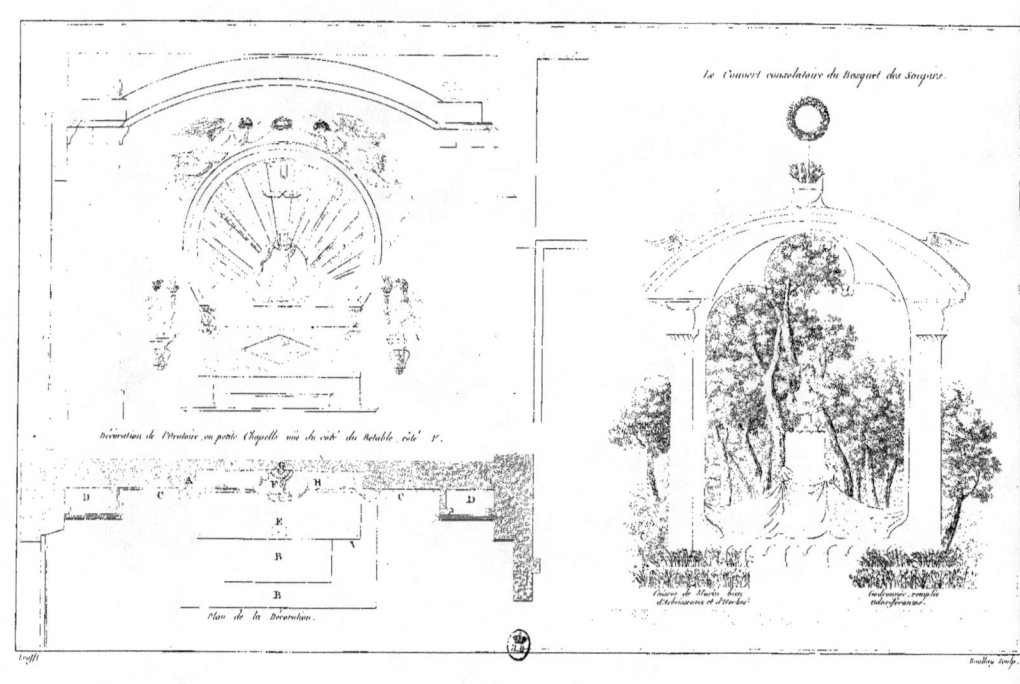

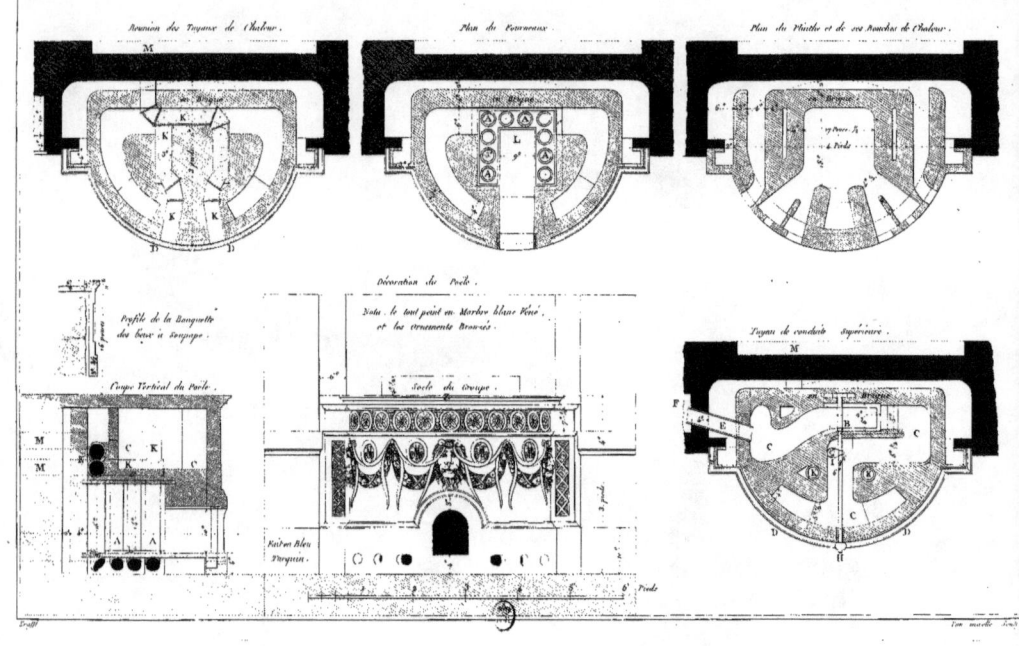

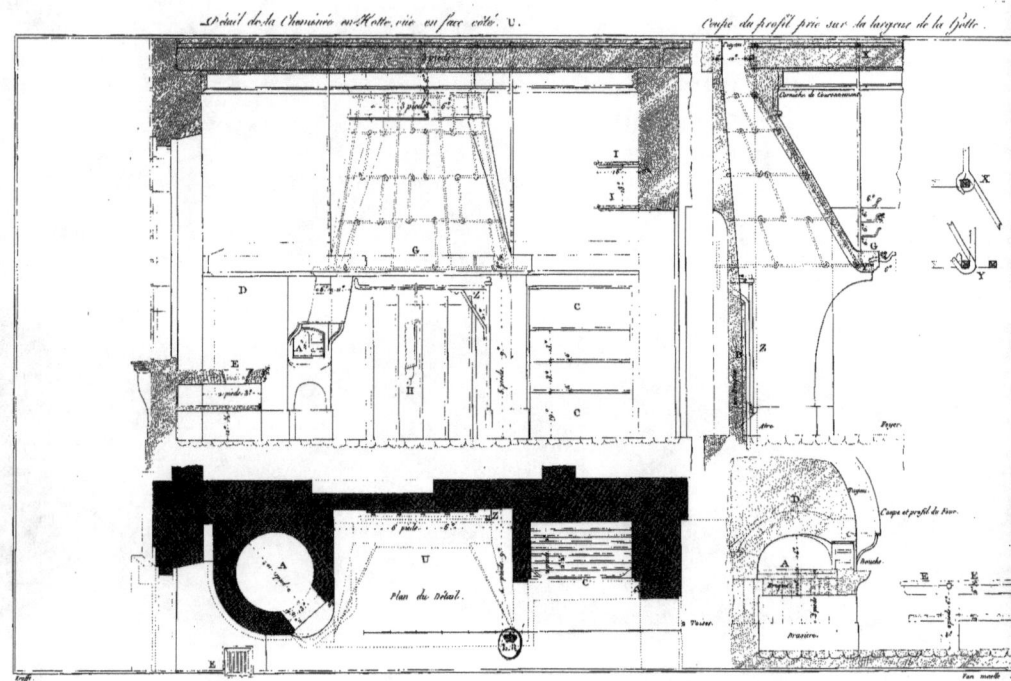

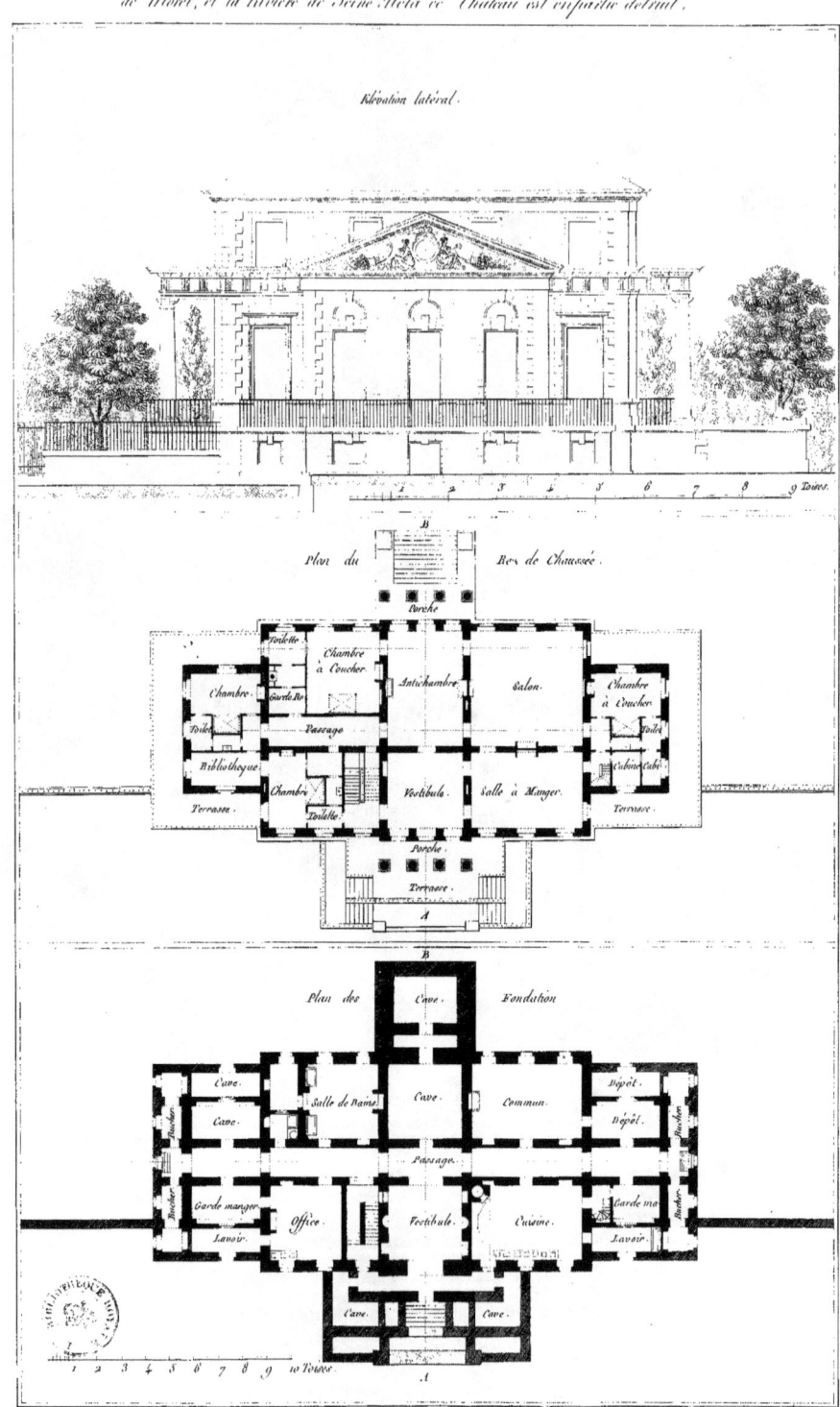

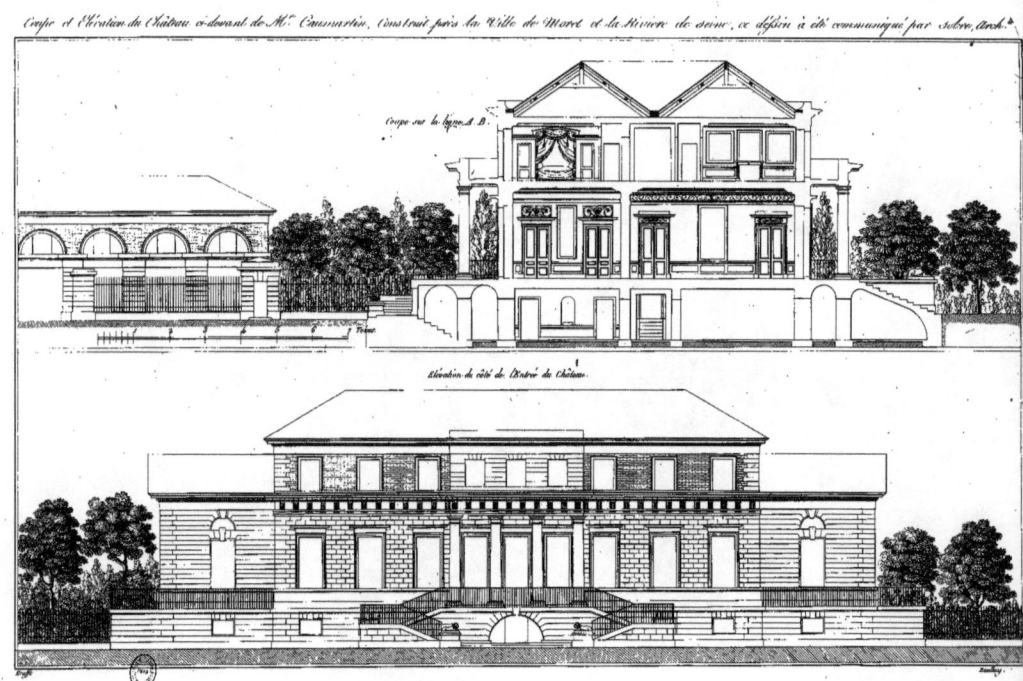

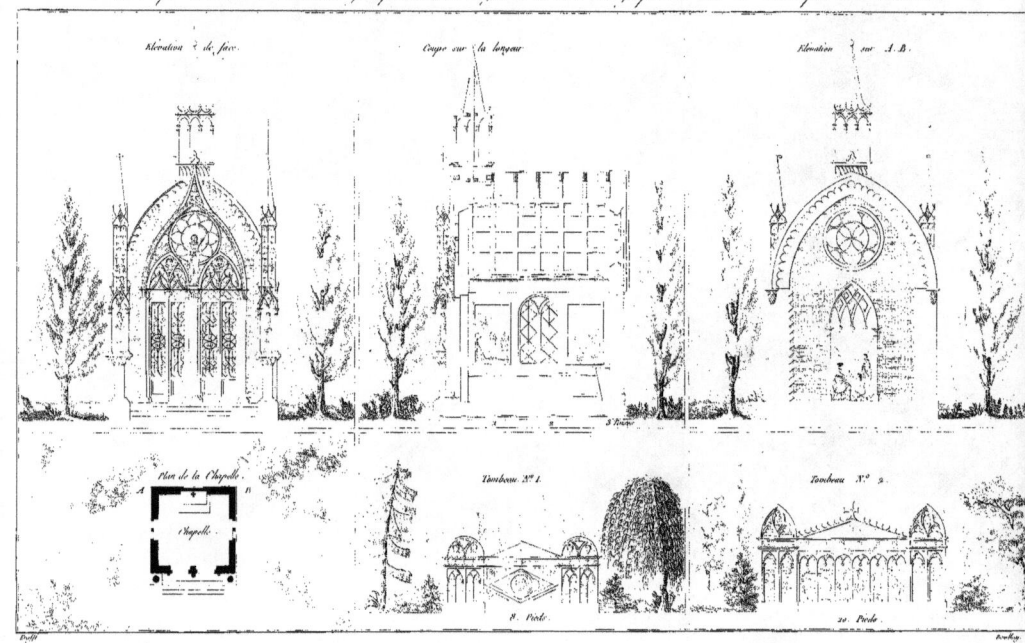

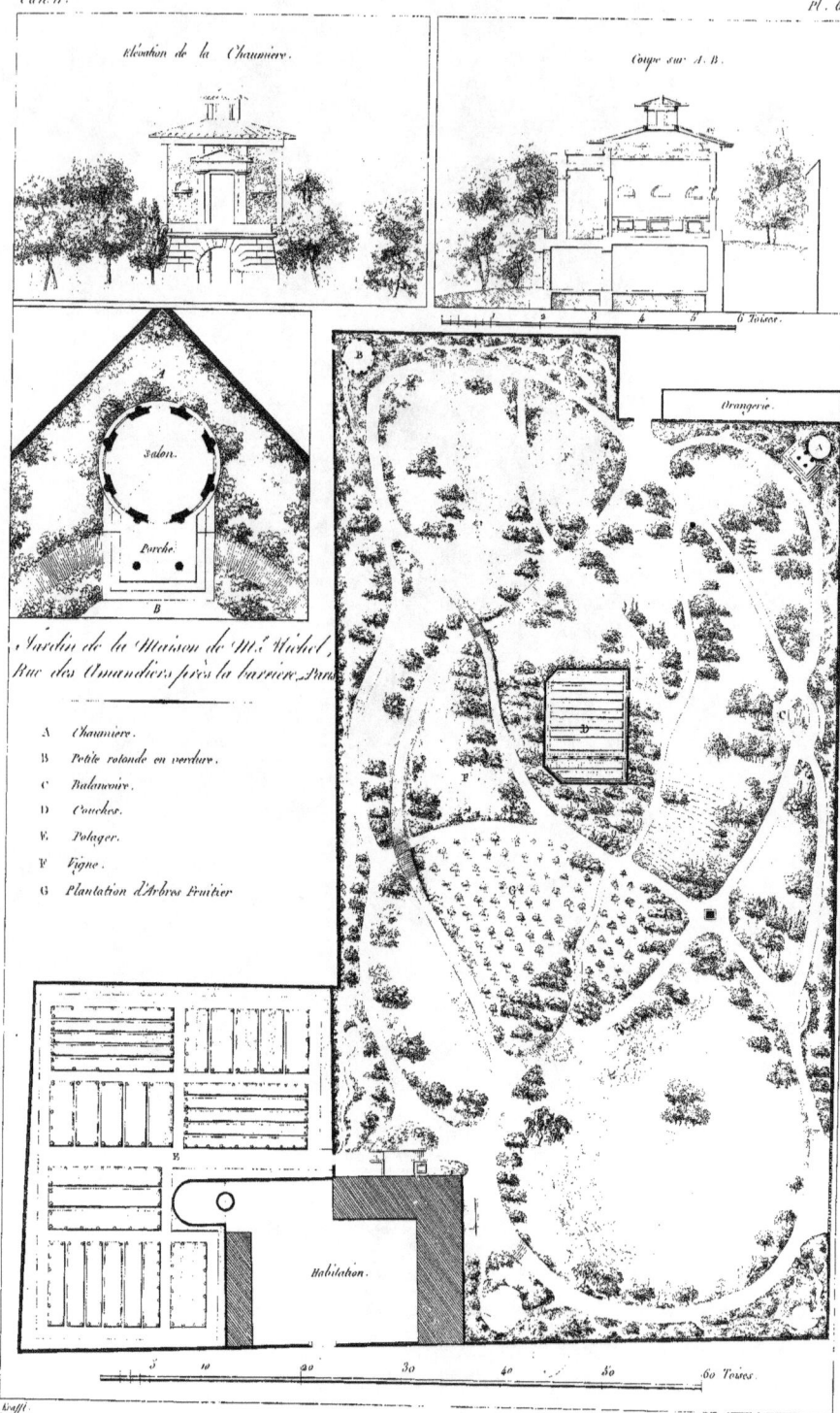

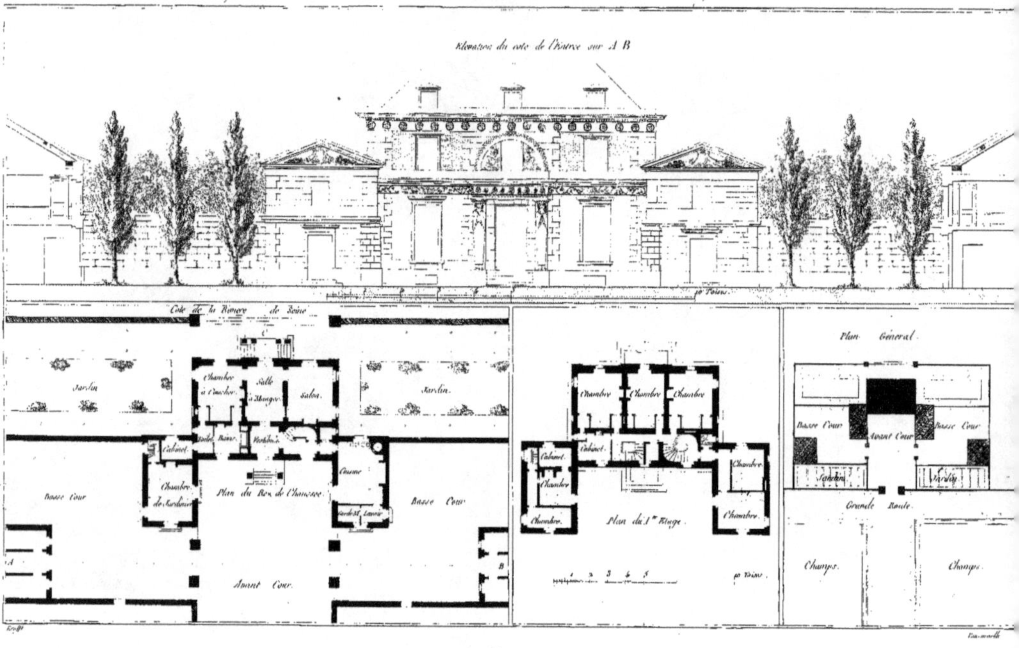

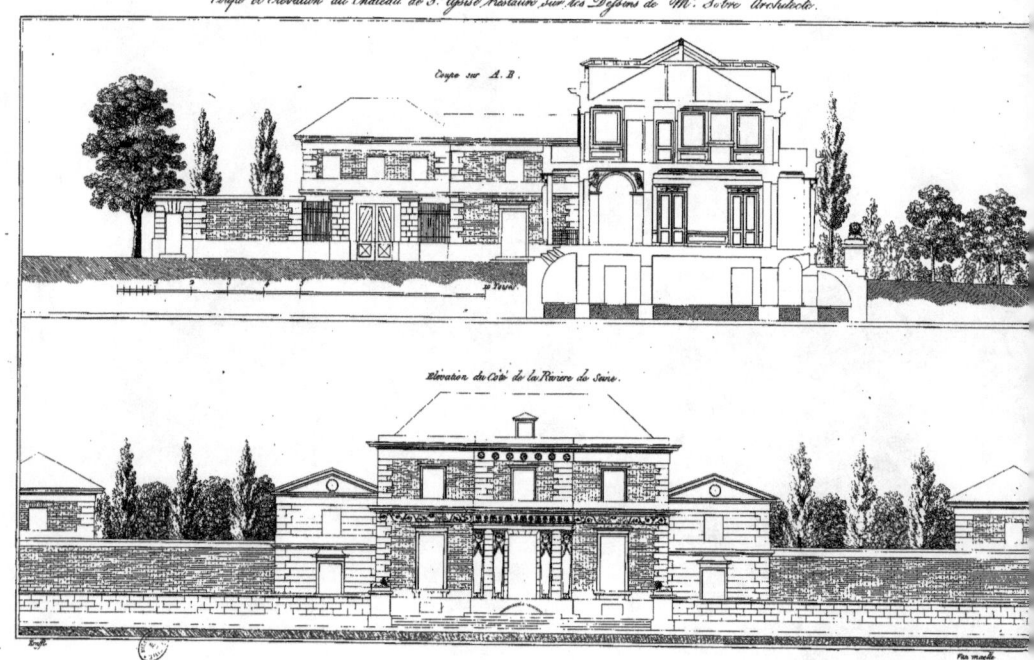

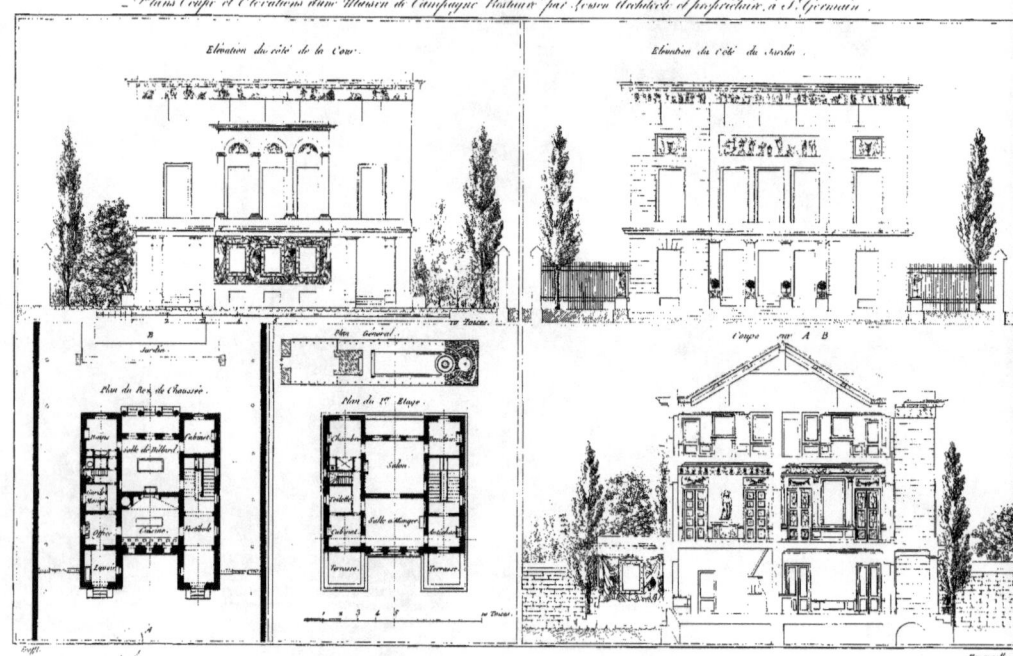

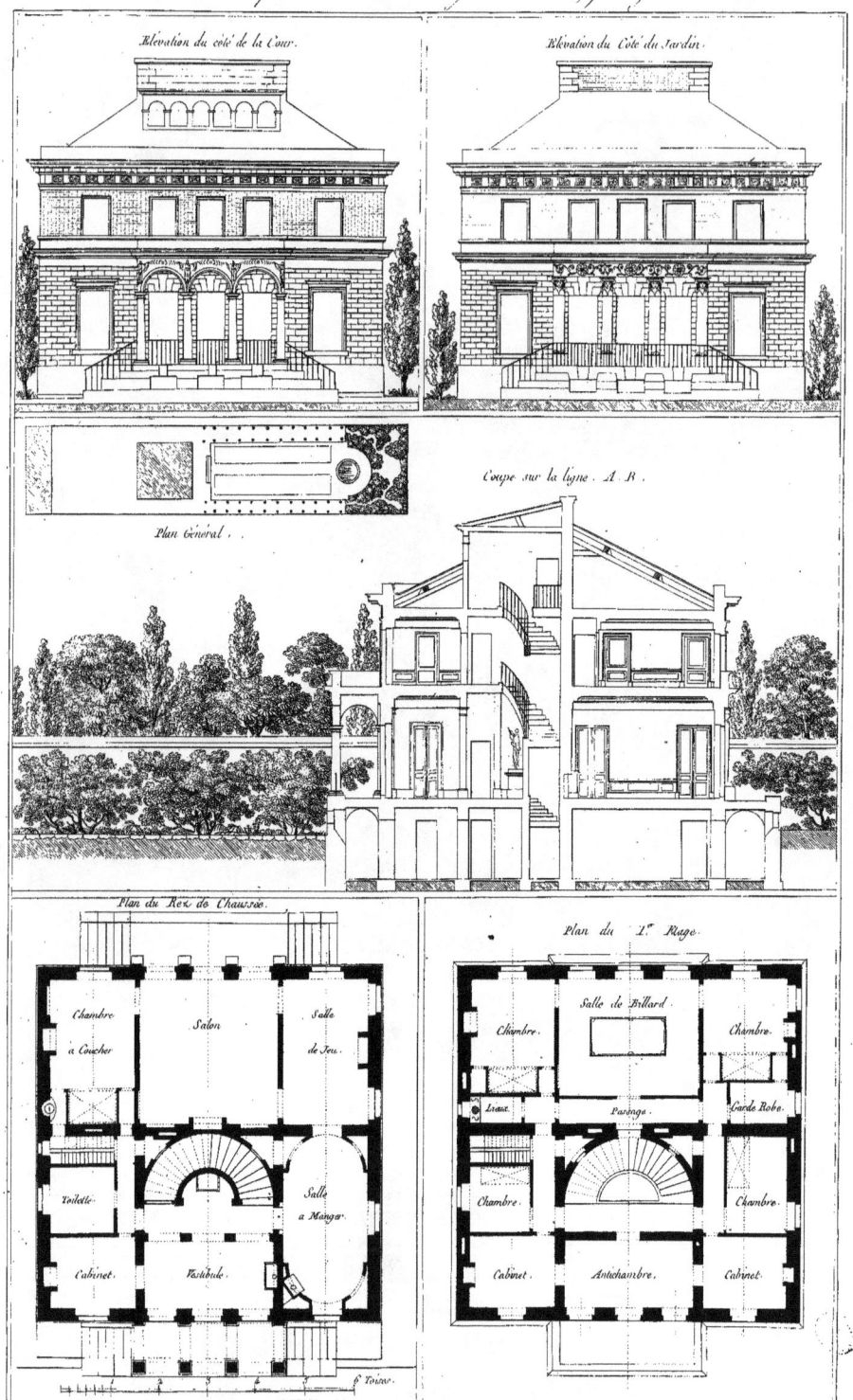

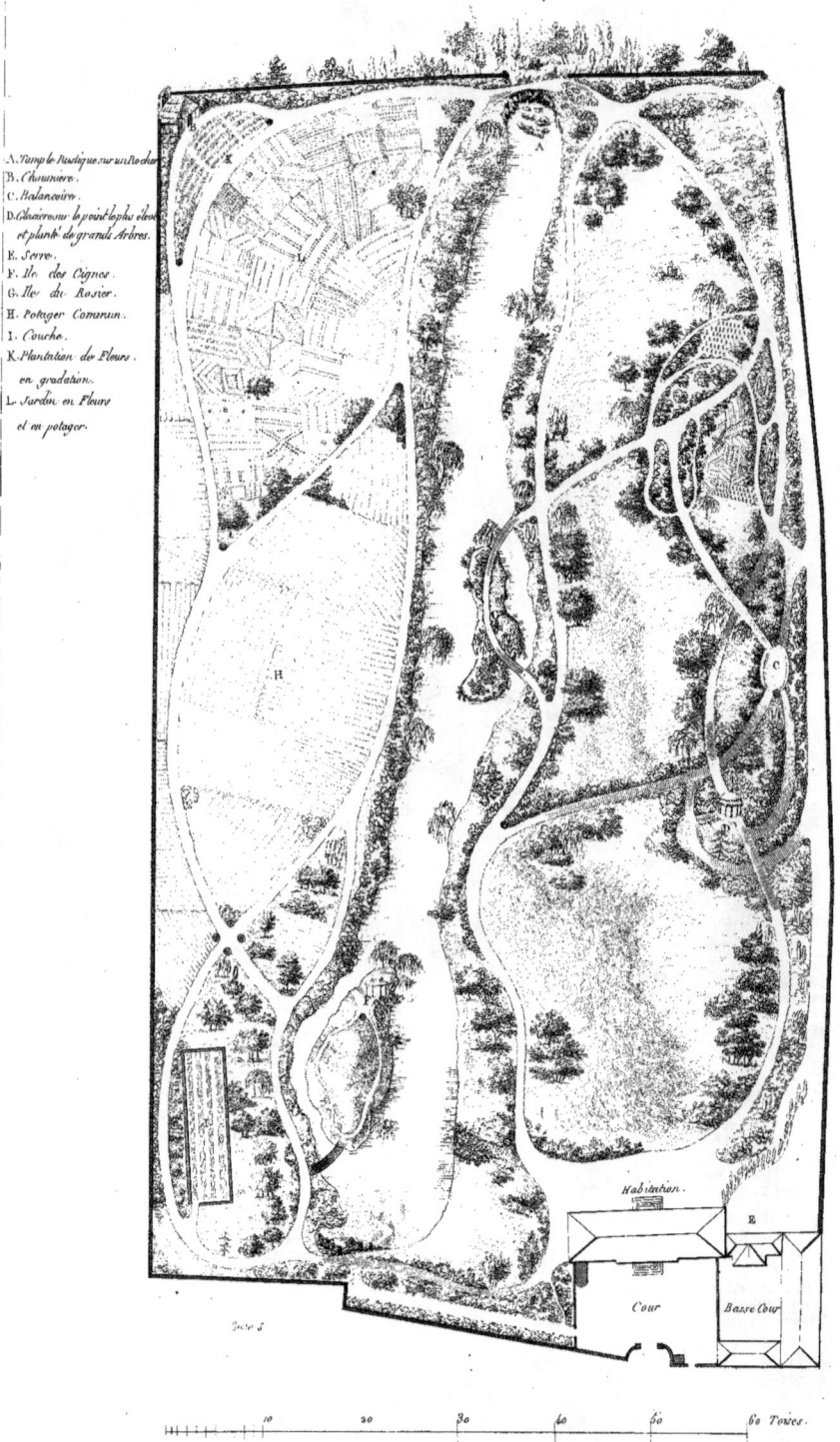

Cah. 12. ¹/₇ Plan Coupe et Élévations d'une Melonnière exécutée chez M.ʳ J. B.ᵗᵉ Paulée Pl. 72.
à Douay, dép.ᵗ du Nord, d'après les Dessins de M.ʳ Belanger p.ʳ e.

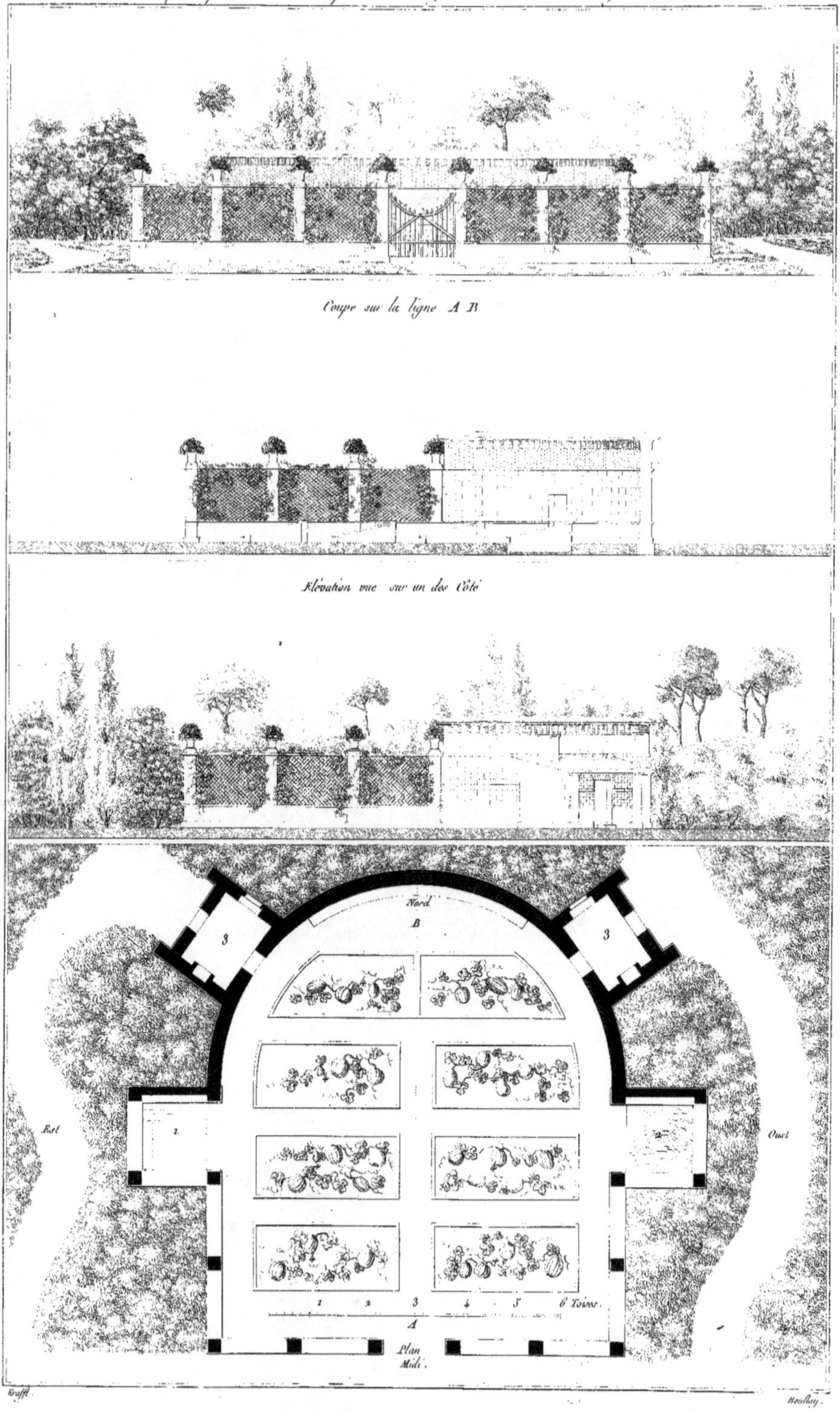

Coupe sur la ligne A B

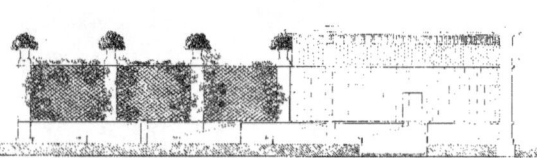

Élévation vue sur un des Côté

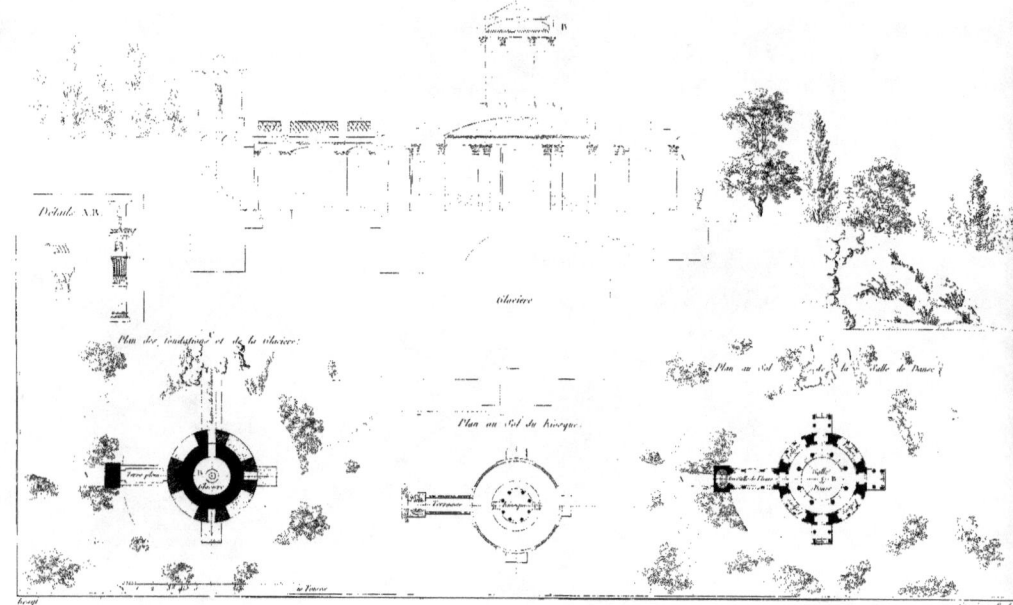

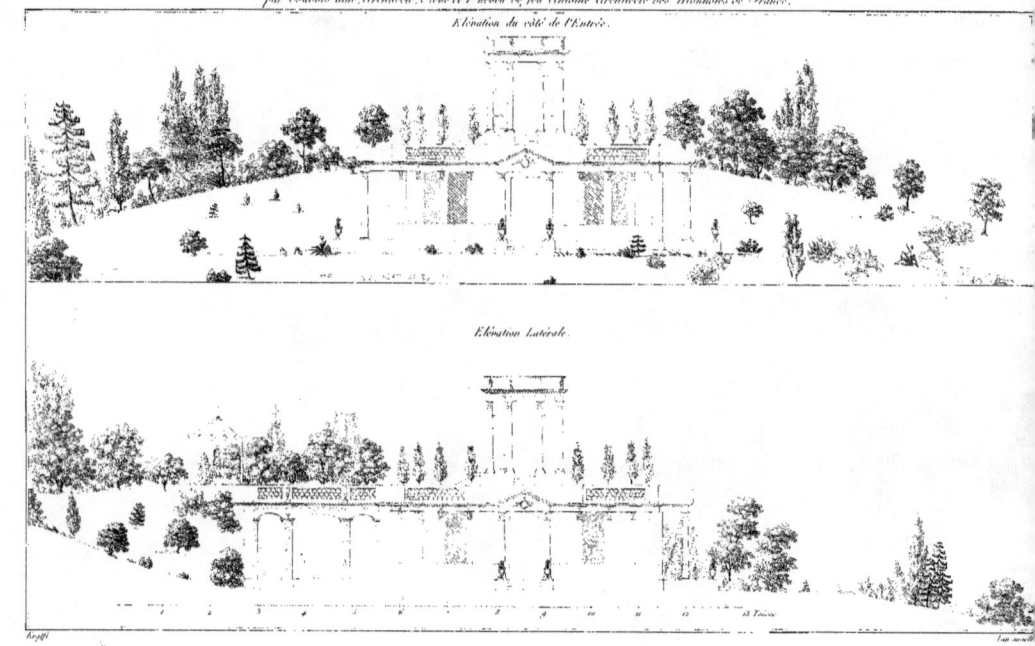

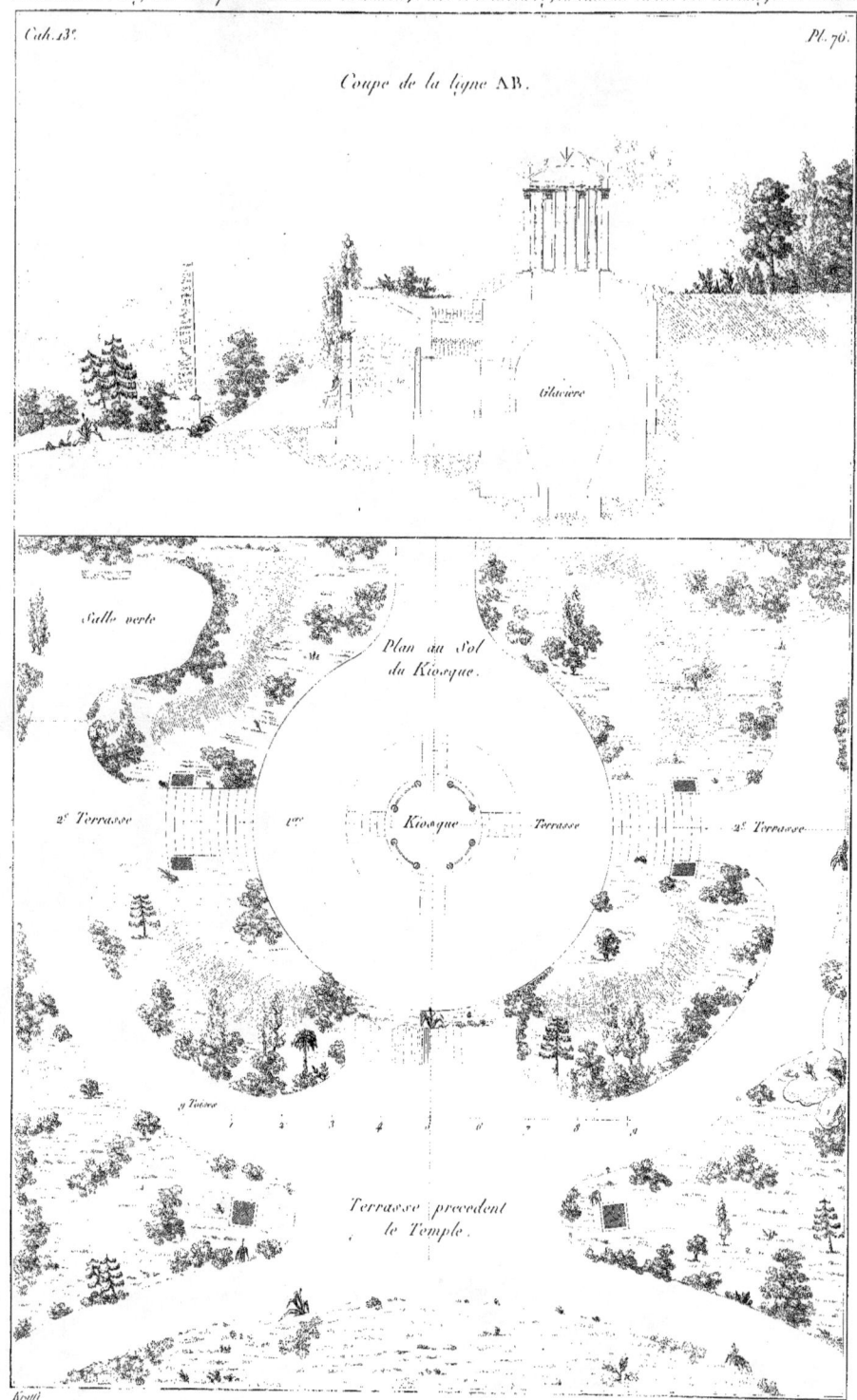

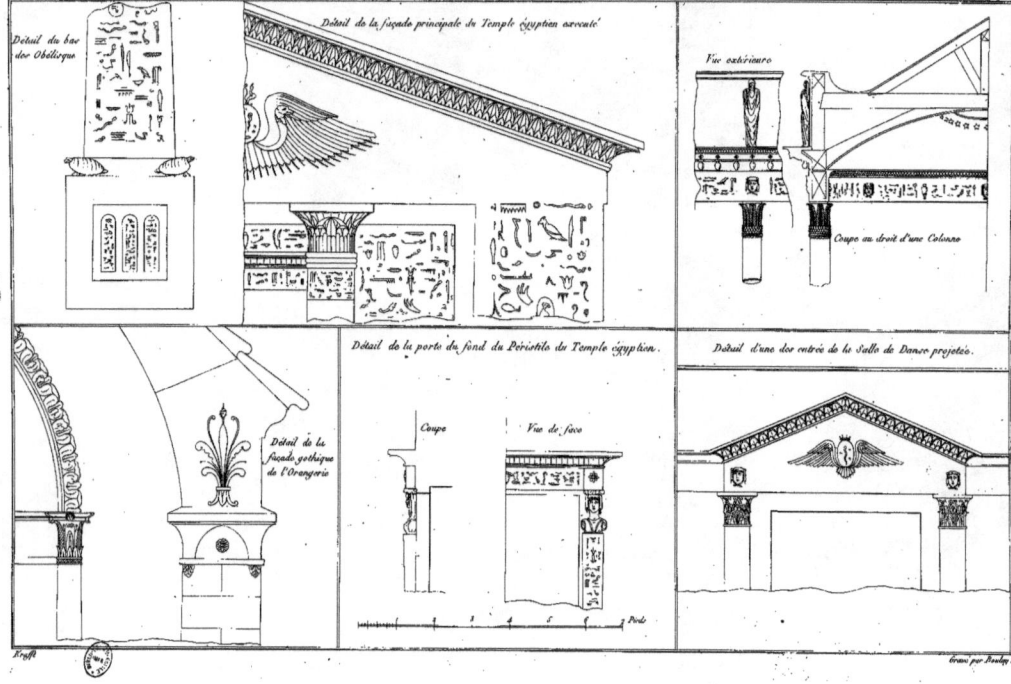

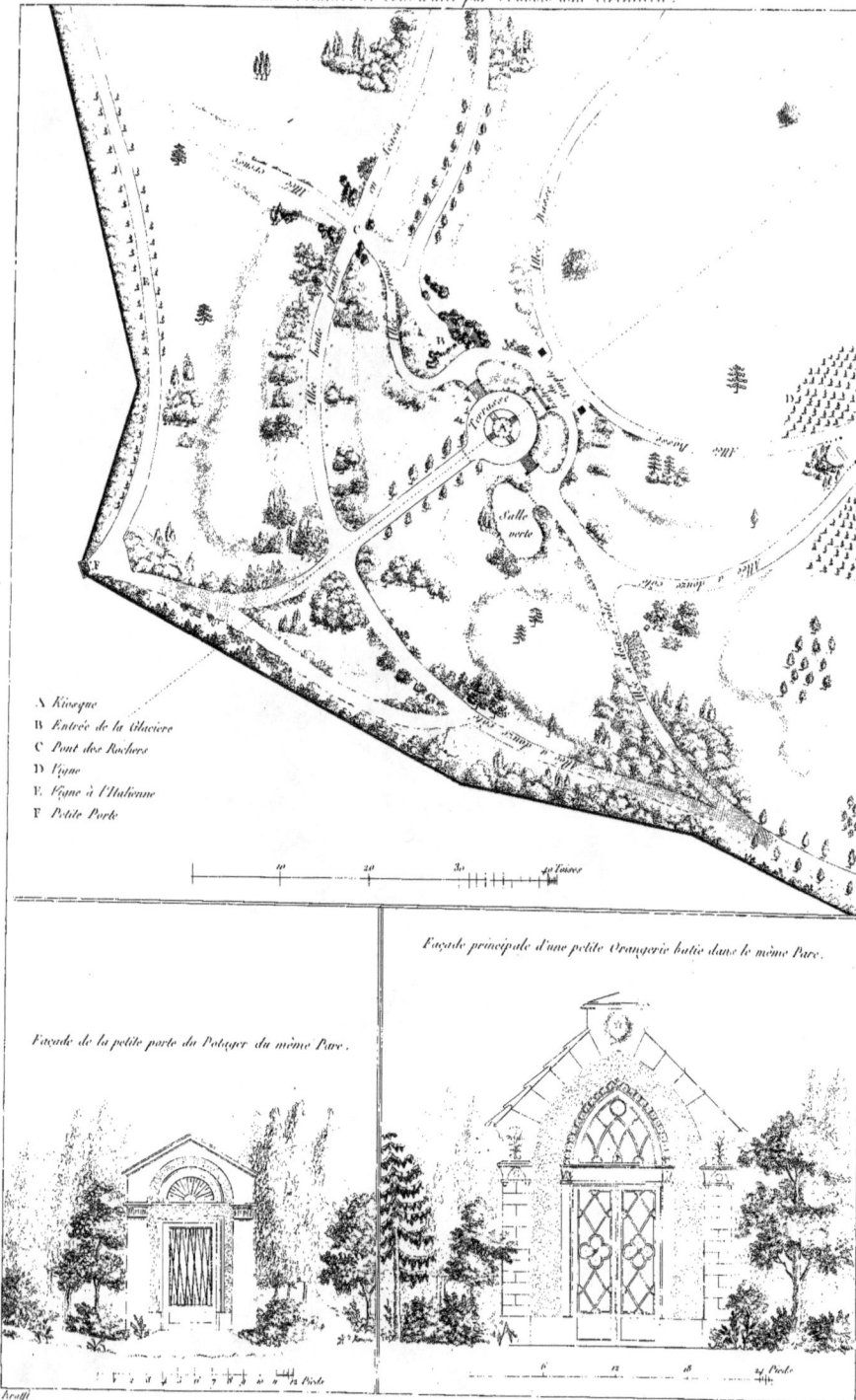

Cah.13. Partie du Parc de M.r Danelouis à Soisy sous Étiole où se trouvent les Fabriques Pl. 3.
ci-devant détaillée et construite par Dubois ainé Architecte.

A Kiosque
B Entrée de la Glacière
C Pont des Rochers
D Vigne
E Vigne à l'Italienne
F Petite Porte

Façade de la petite porte du Potager du même Parc.

Façade principale d'une petite Orangerie batie dans le même Parc.

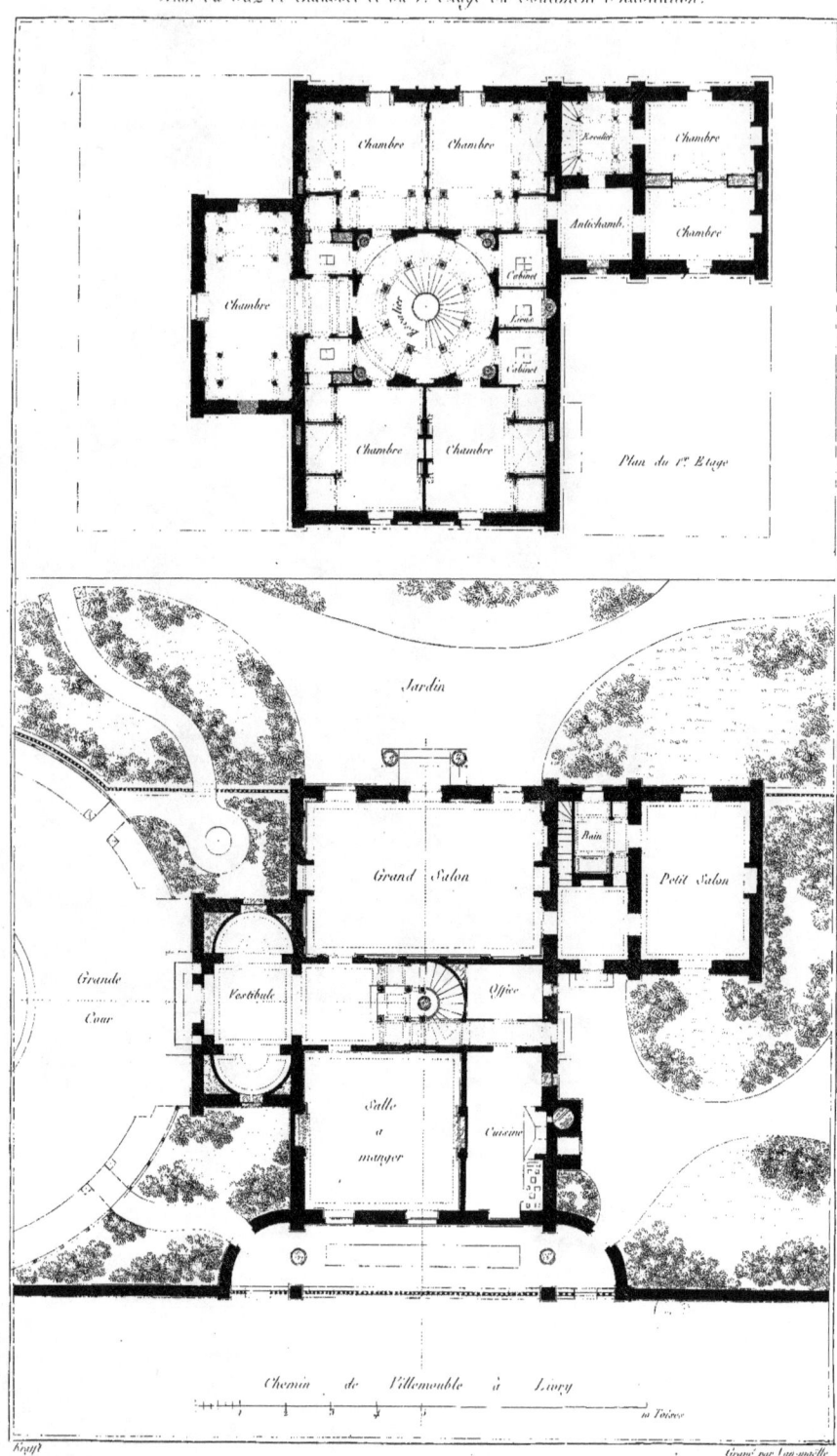

Plan du Rez-de-chaussée et du 1.er Étage du Batiment d'habitation.

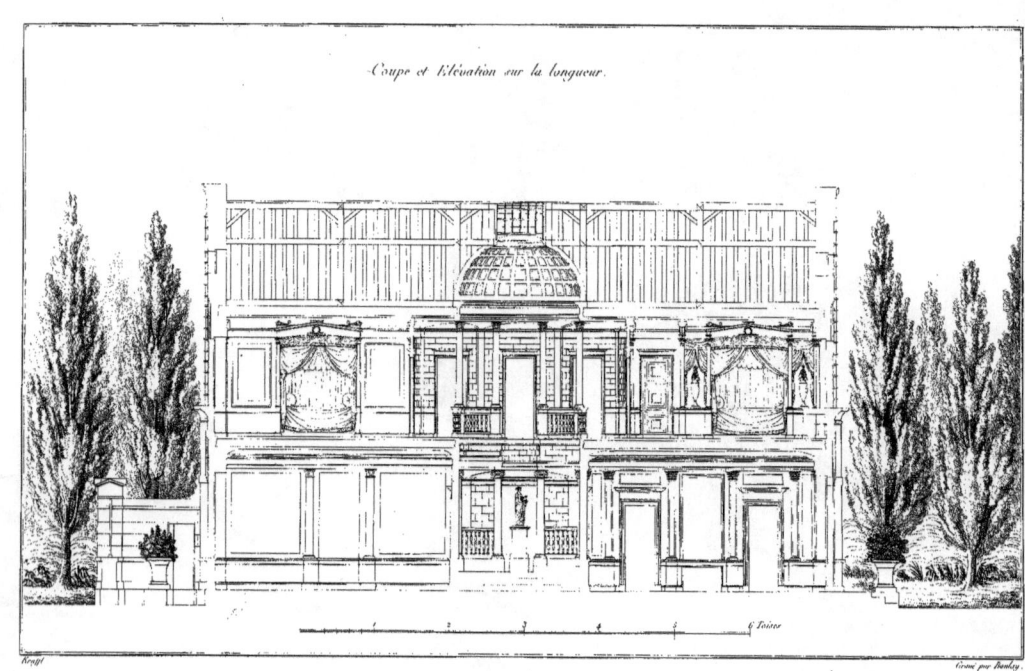

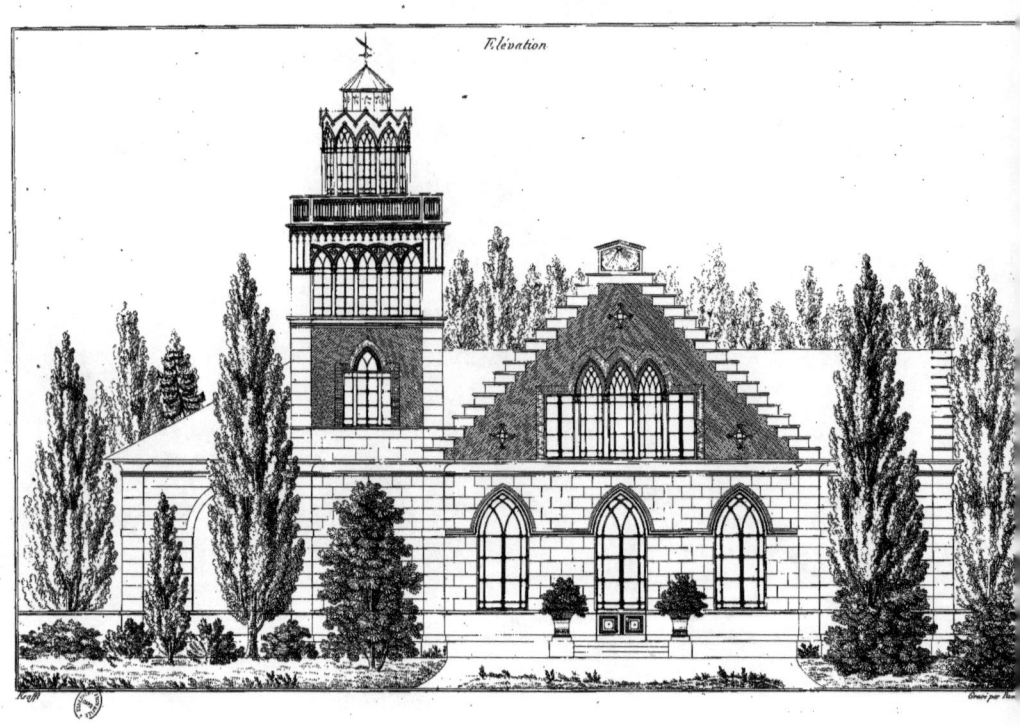

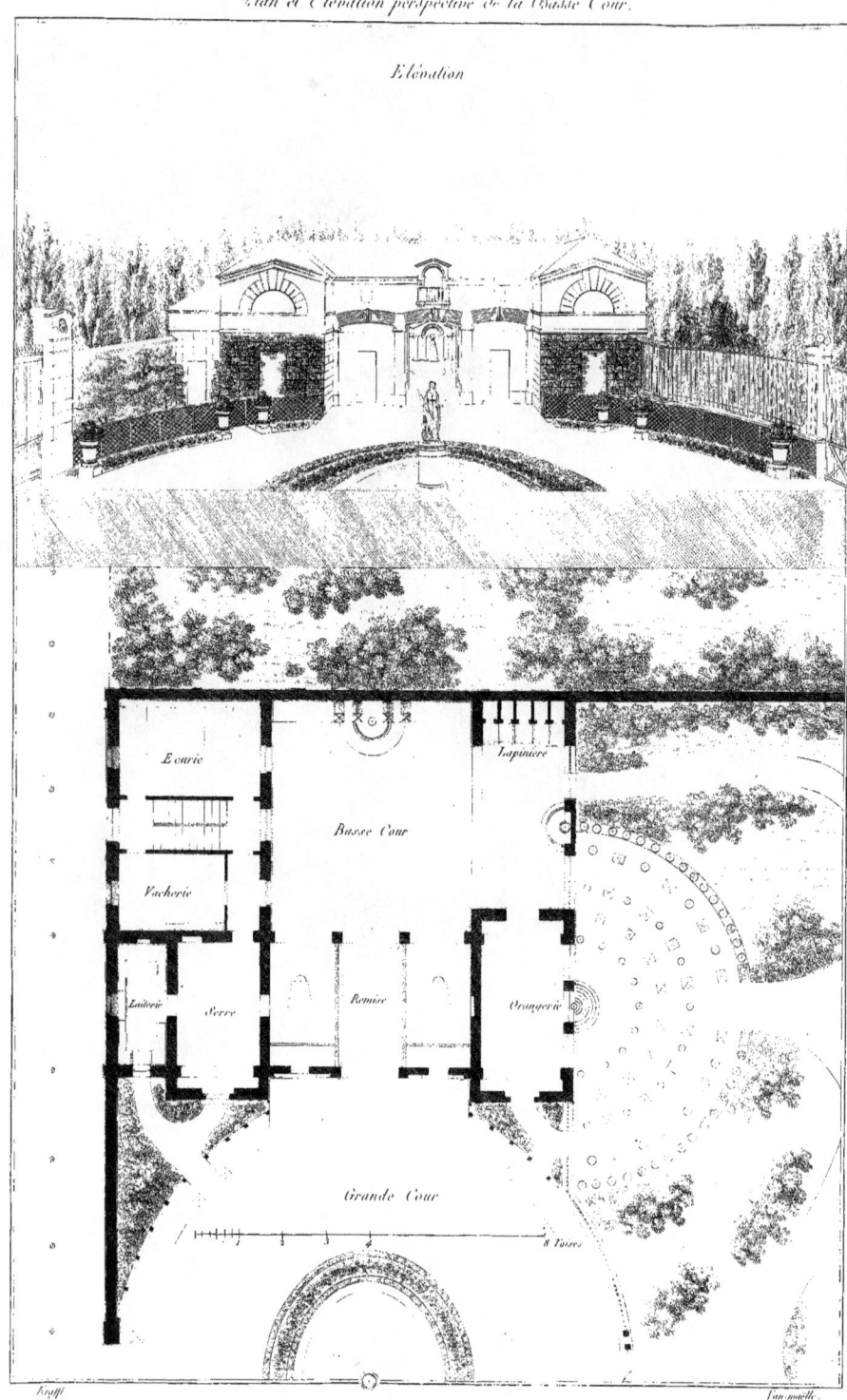

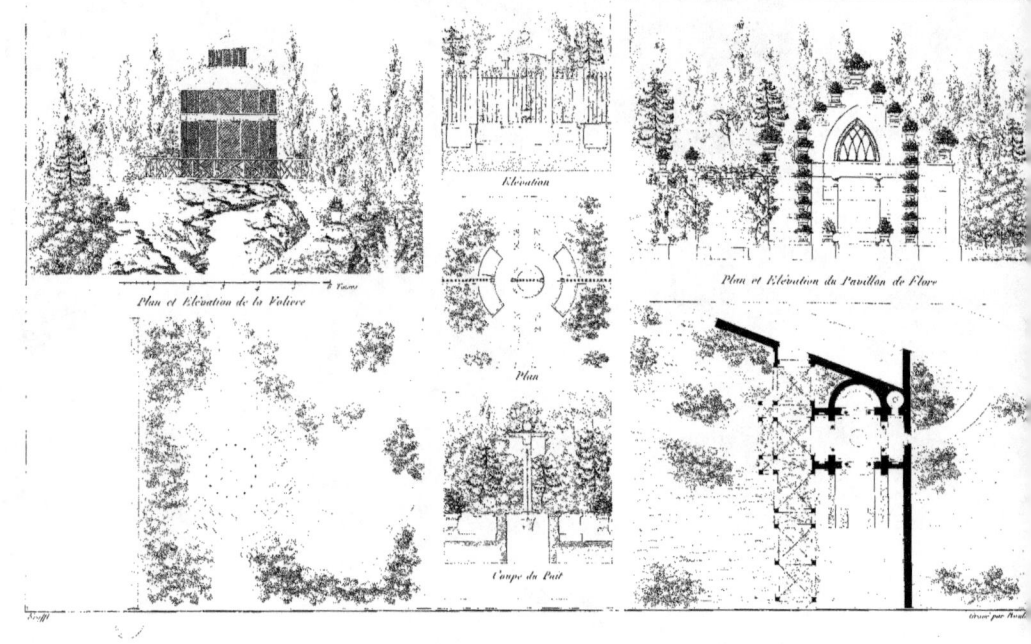

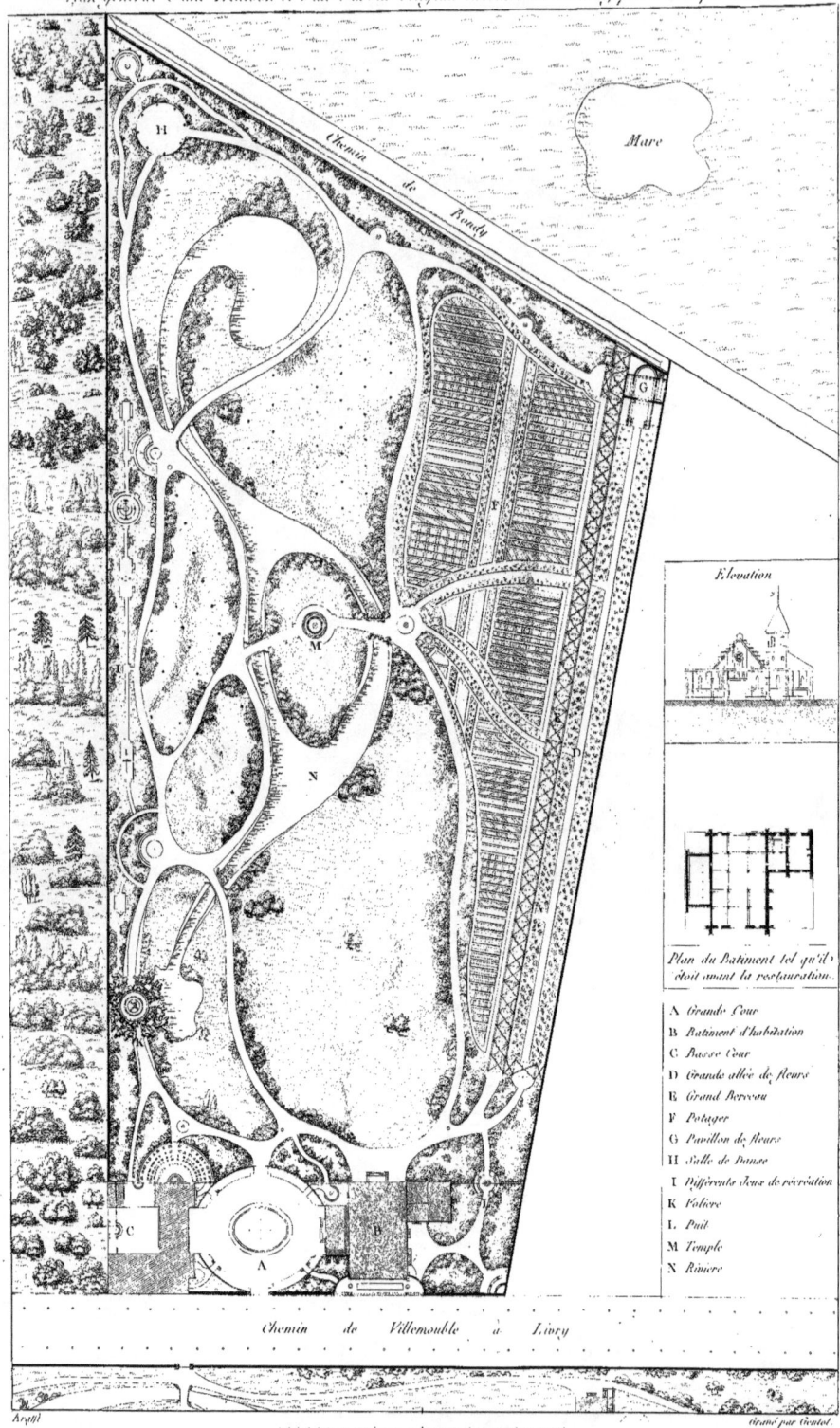

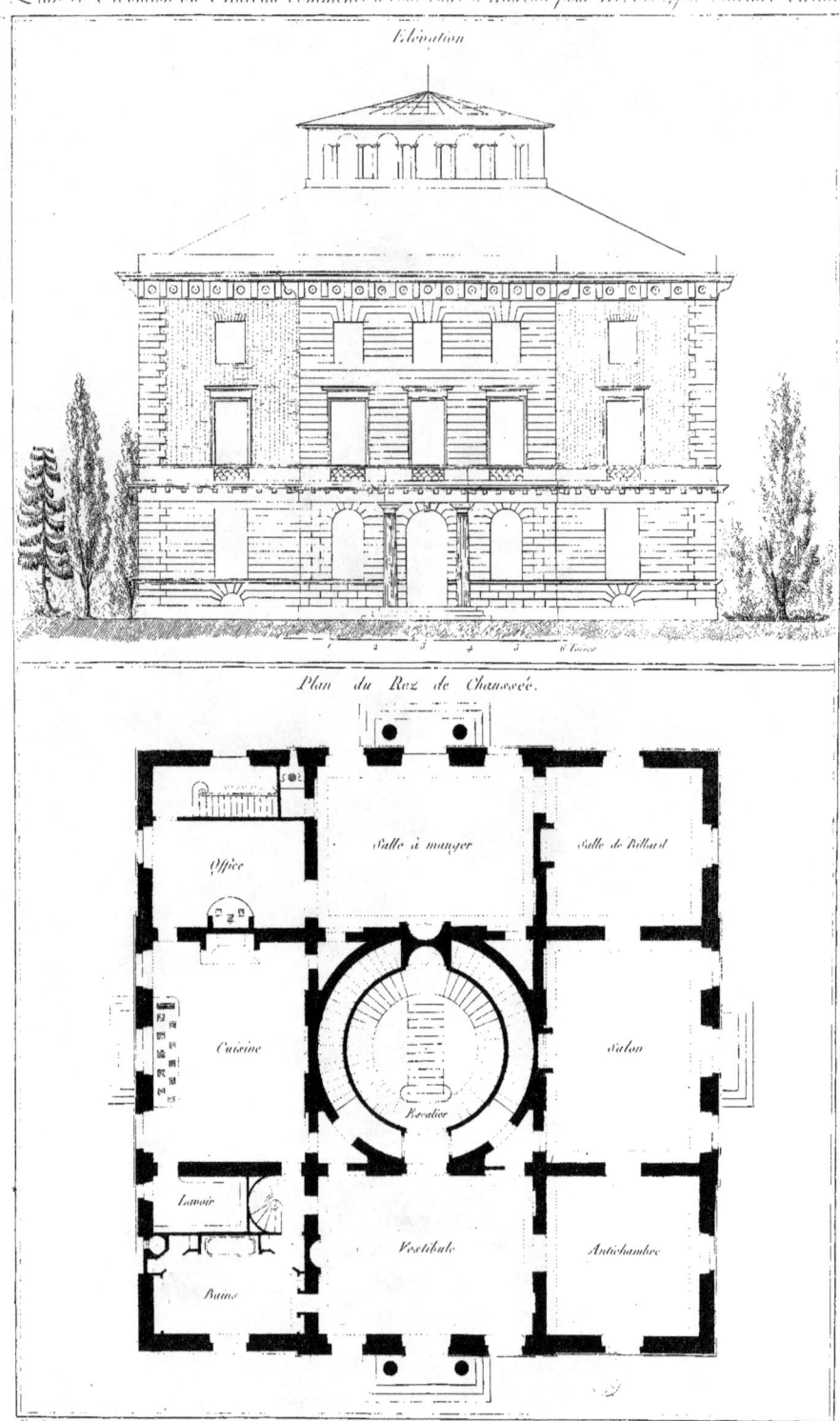

Plan du 1.er Étage, et Coupe du même Château.

Coupe

Plan du 1.er Étage

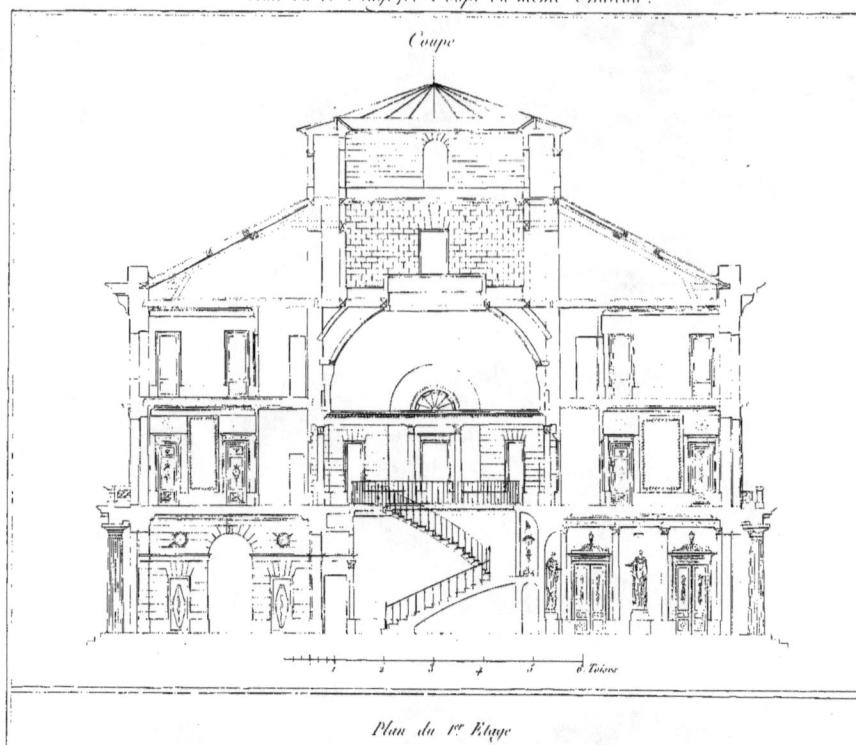

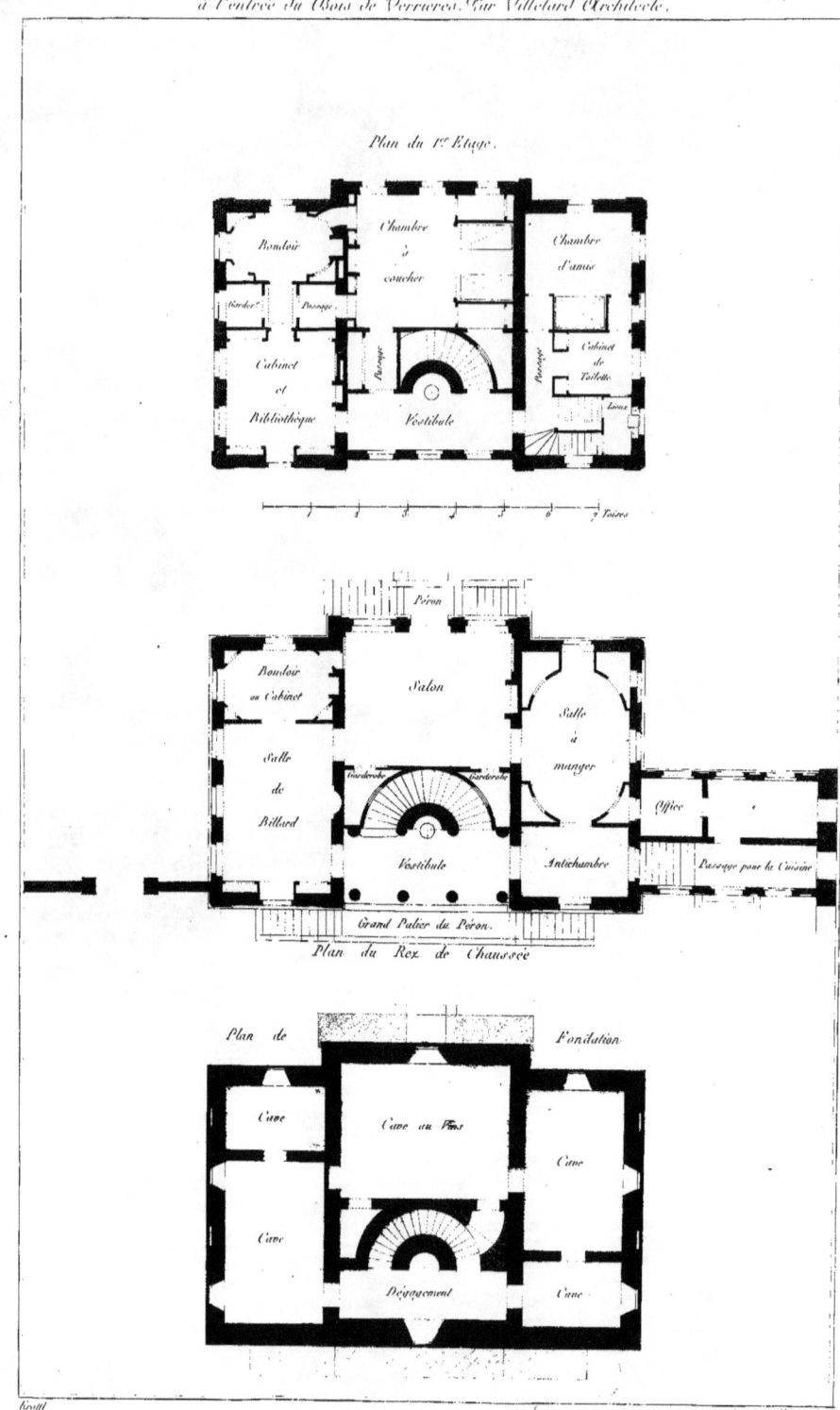

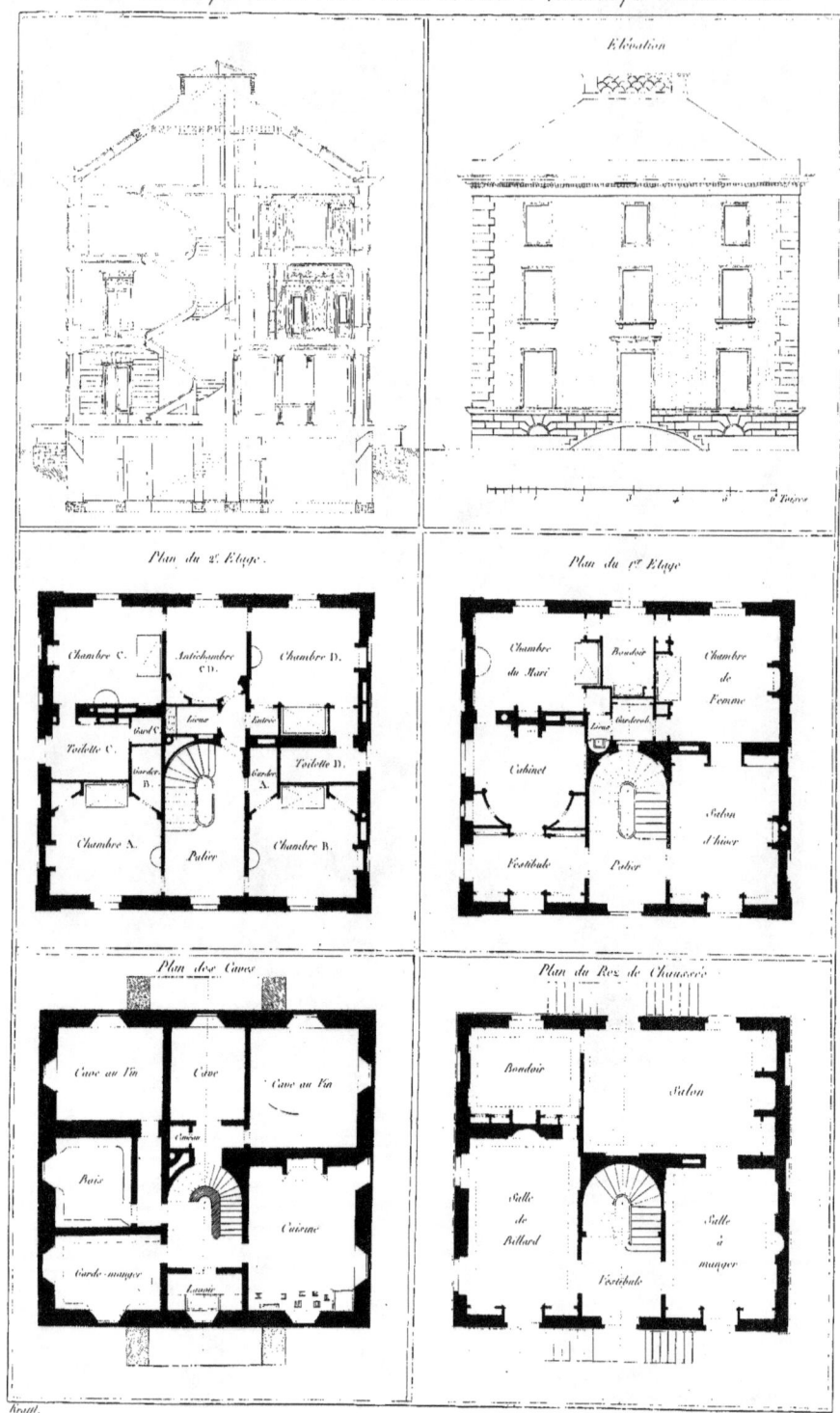

Petite Maison exécutée à Malabry près le Bois de Verrières sur la route de Choisy à Versailles pour M. Pelton par Pelletard Architecte.

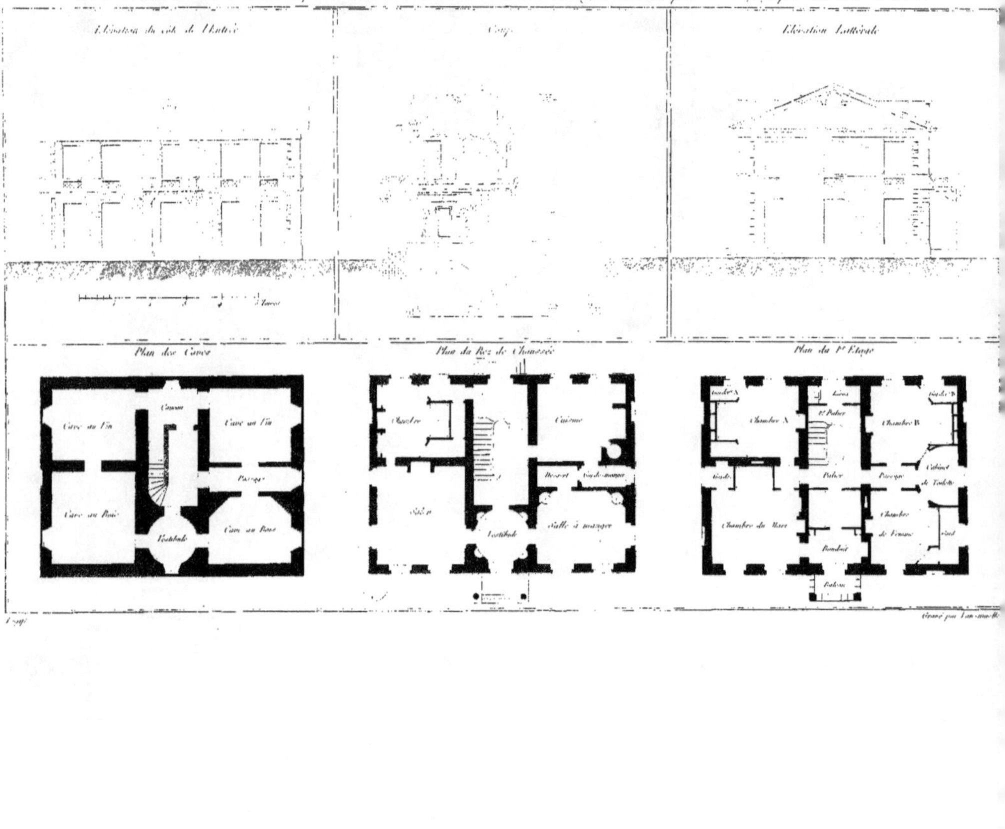

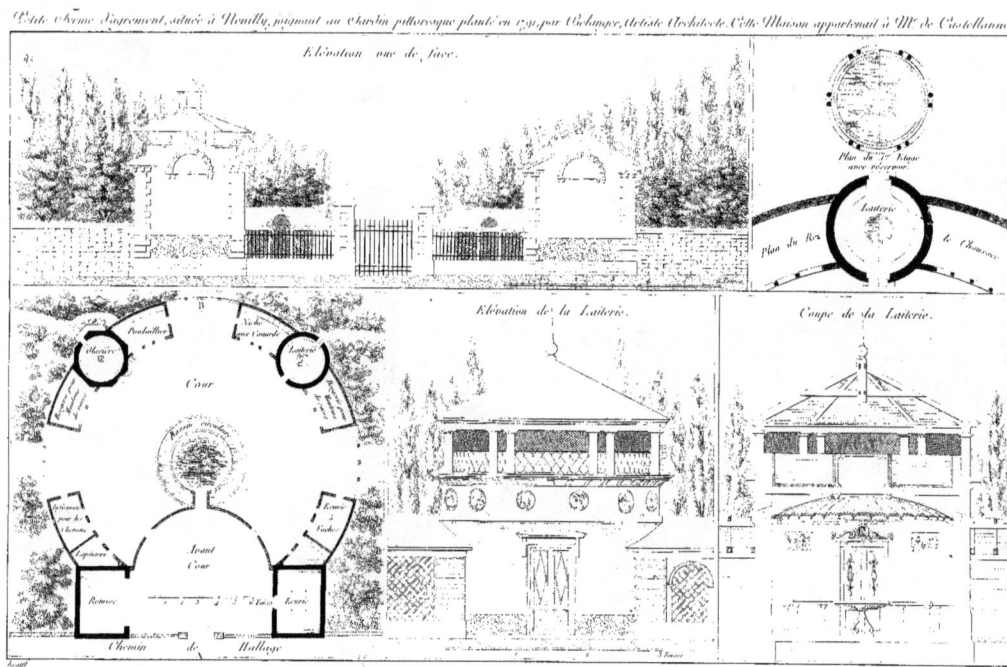

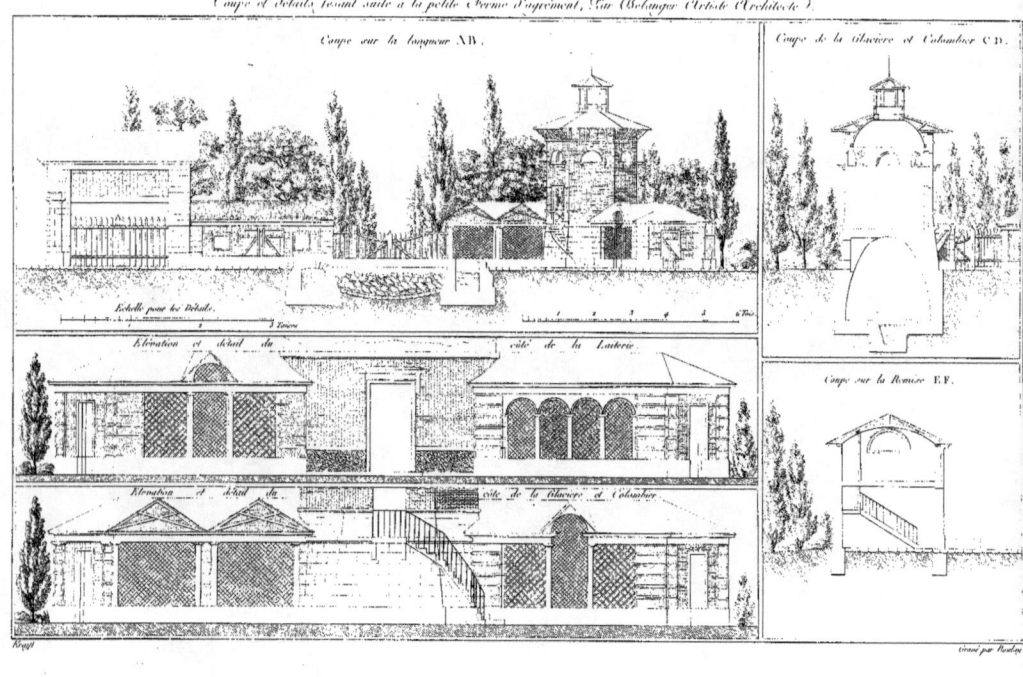

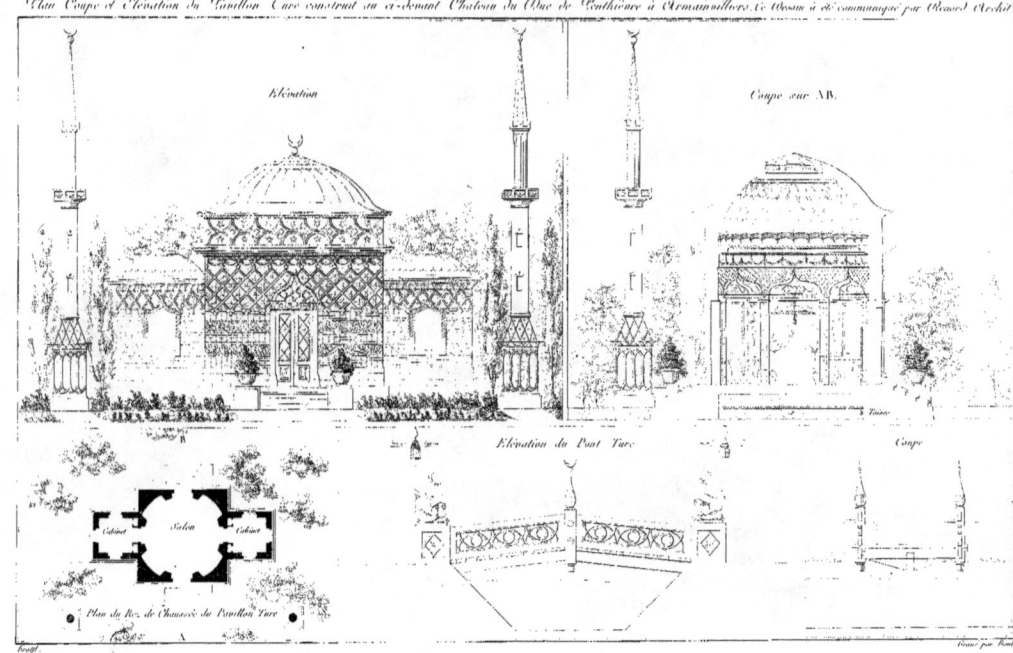

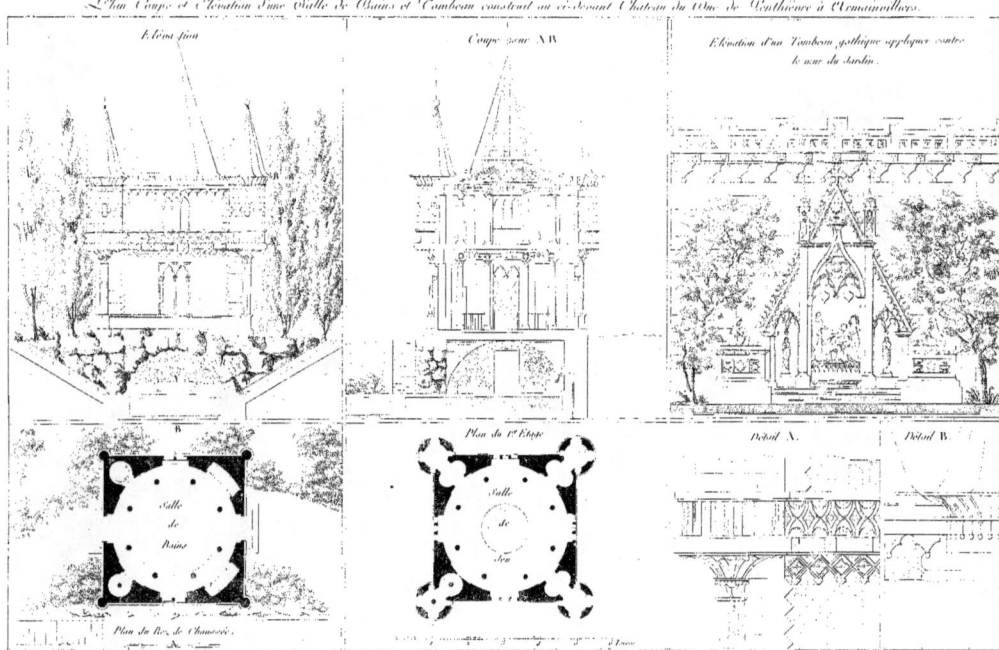

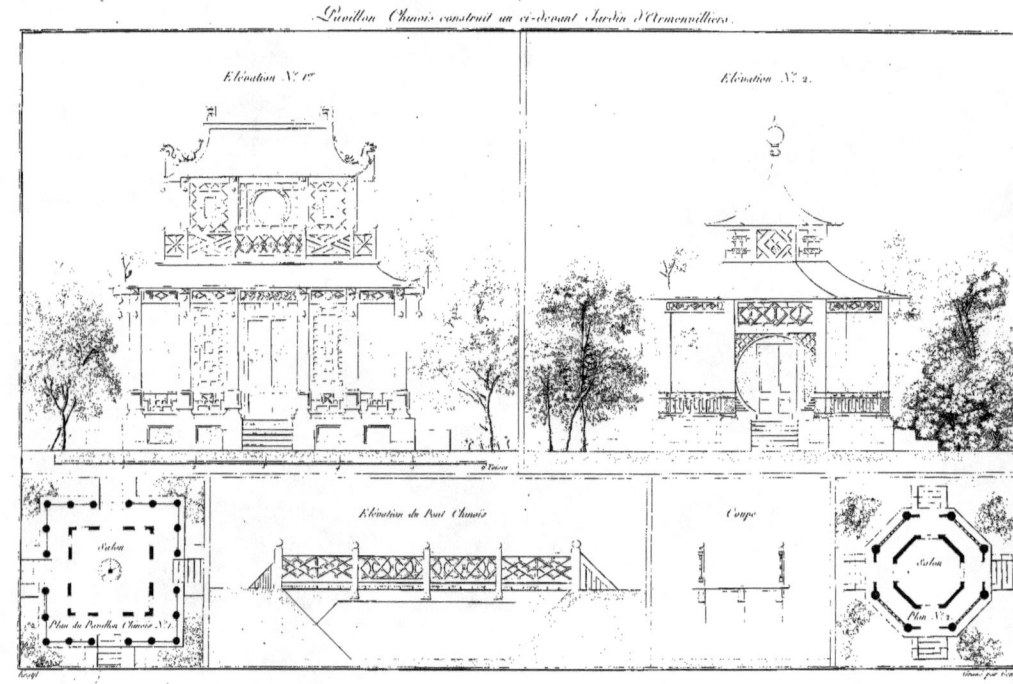

Divers détails exécutés dans différents jardins.

Élévation des différents genres de Barrière N.º 1.

Élévation N.º 2. Coupe. Élévation N.º 3.

Élévation N.º 4. Coupe. Élévation N.º 5.

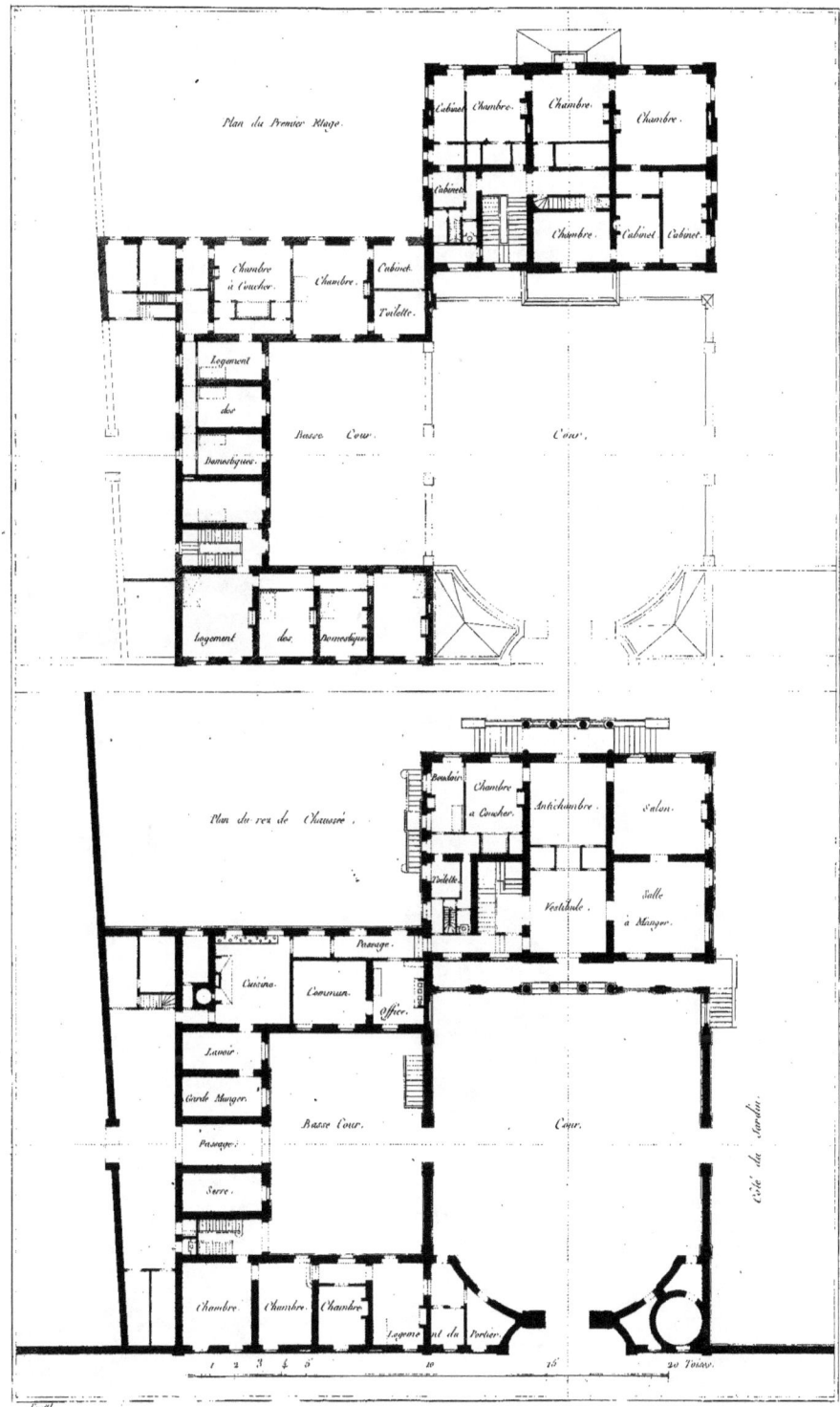

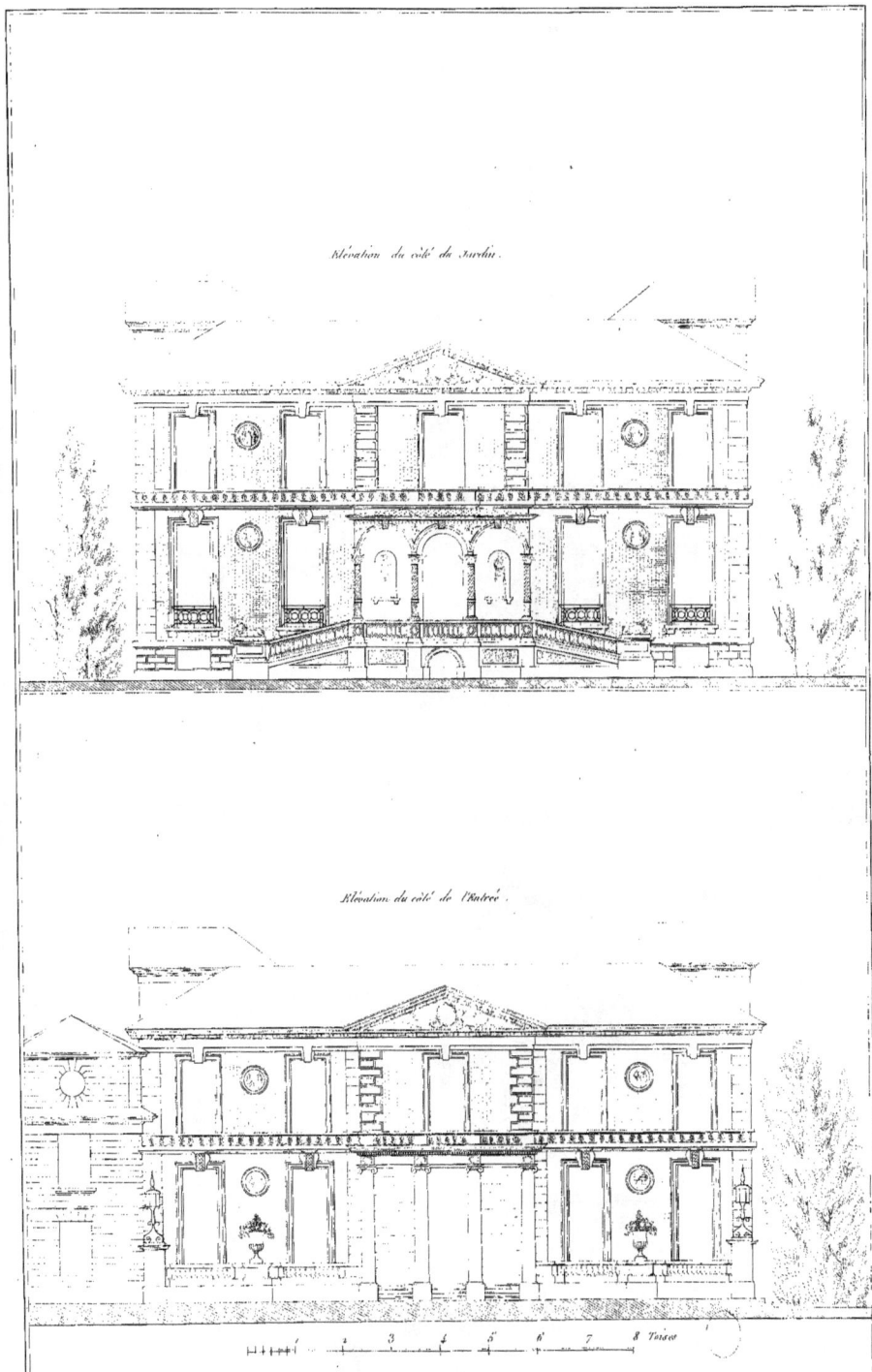

Plan, Coupe et Élévation de la grande Basse-Cour de St. James, Construite sur le Dessin de Mr. Cheffert Architecte.

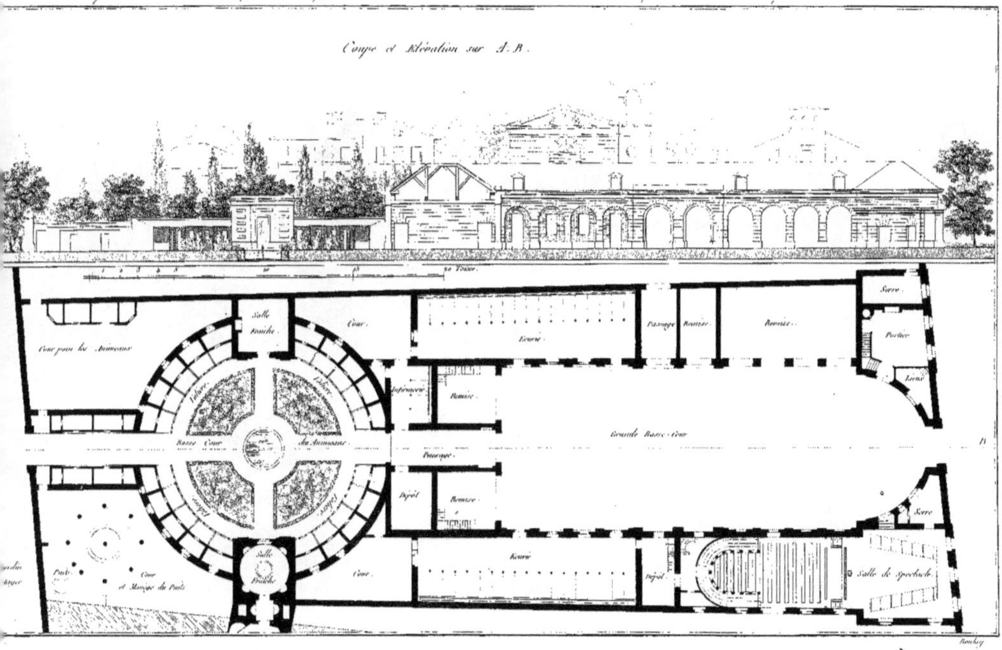

Plan de la Serre chaude et froide au Jardin de St. James.

Coupe et Elévation sur AB.

Coupe du Cabinet d'Histoire naturelle.

Vue de la plantation de la Serre chaude.

Cabinet d'Histoire naturelle.

Serre vue en plan.

Partie de la Serre froide.

Plan du Jardin de St. James.

Élévation de la Salle fraiche au souterrain X.

Coupe du Pavillon d'entrée au souterrain, N.º 20.

Coupe du Pavillon Chinois, de la Glacière, et de la Grotte, N.º 19.

Glacière

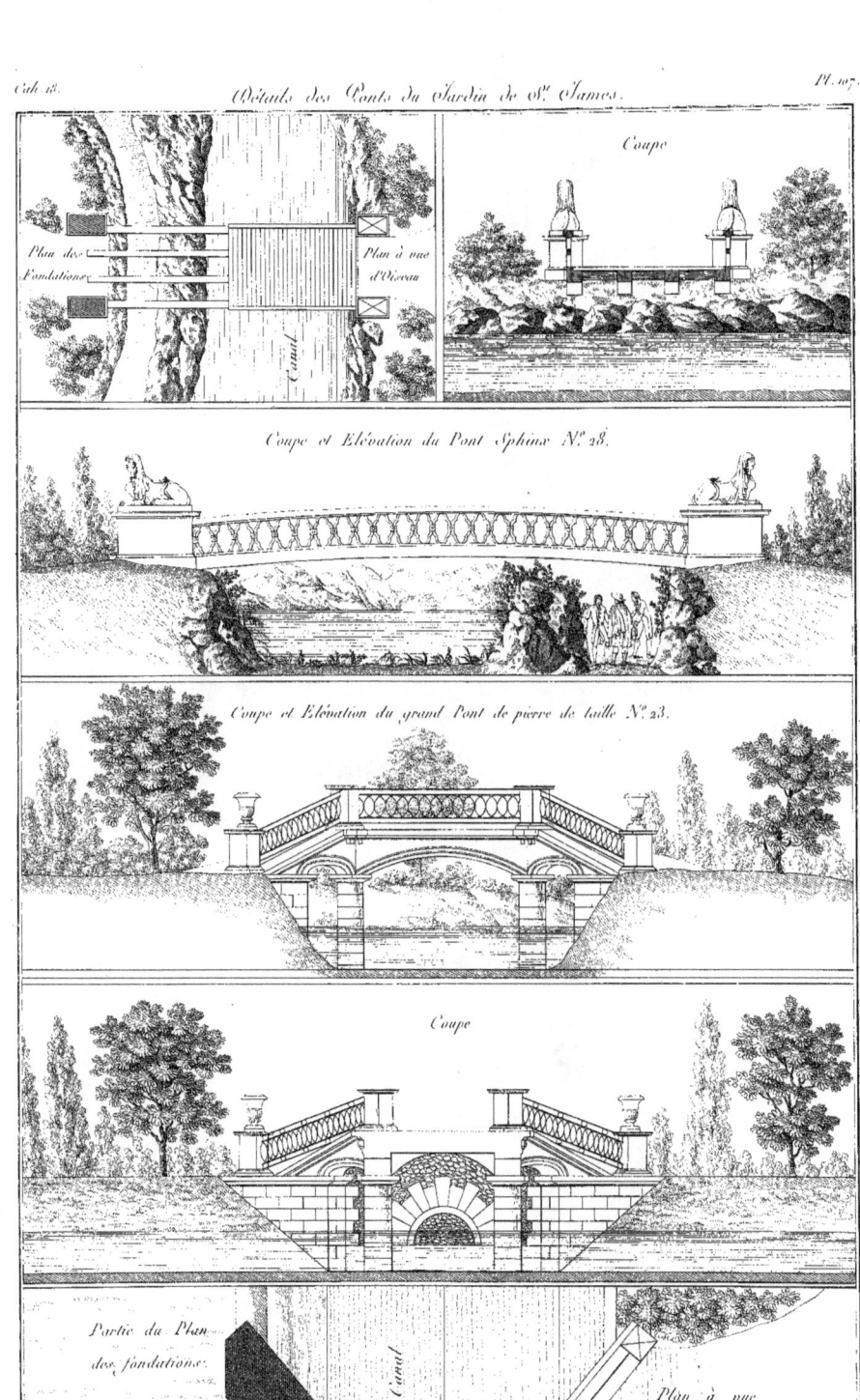

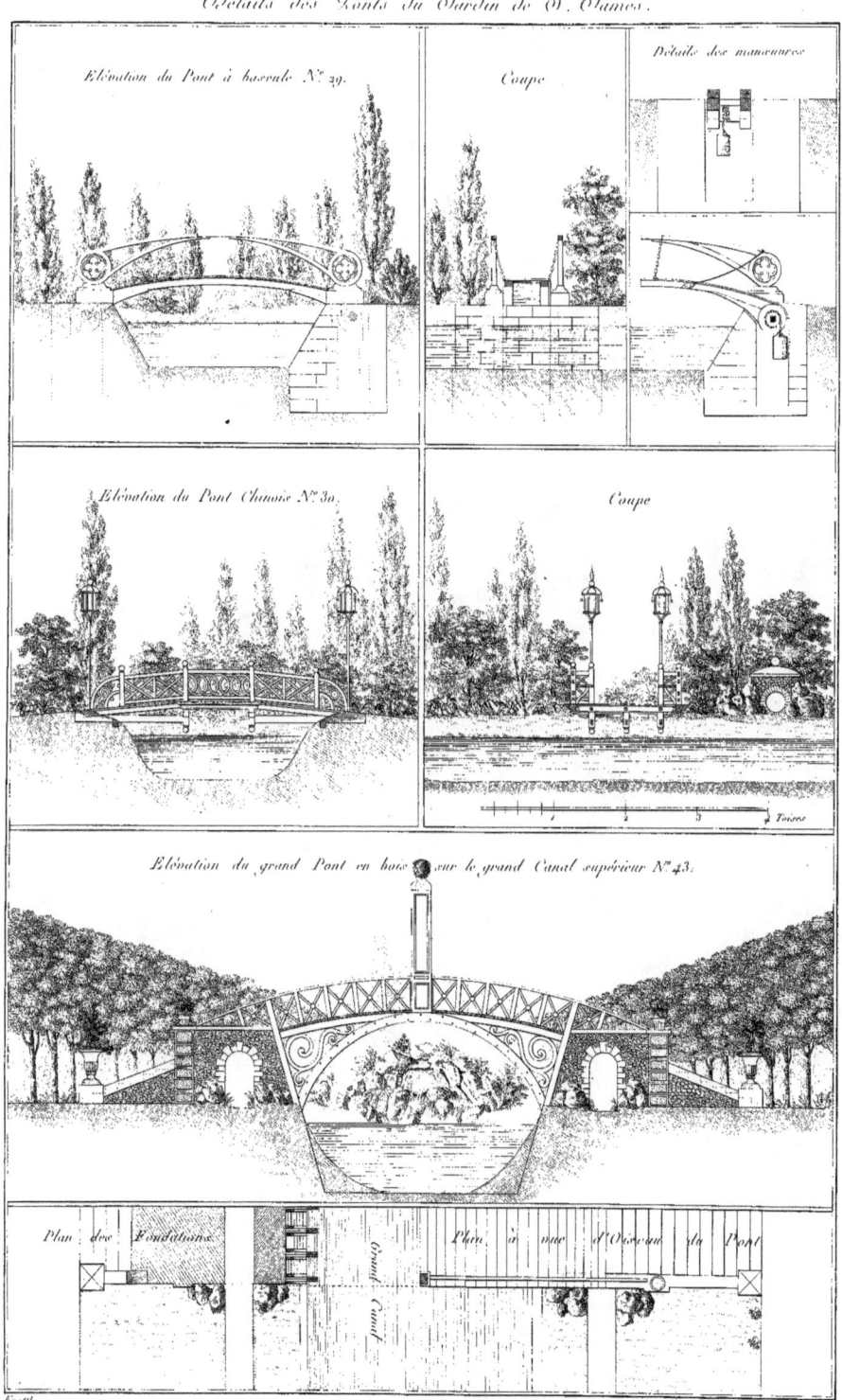

Suite du Jardin St. James.

Elévation du grand Rocher N.º

Plan des fondations du grand Rocher.

Plan du Rocher à vue d'oiseau.

Suite du Jardin St. James.

Elévation du grand Rocher vu du côté du grand canal supérieur.

Coupe du grand Rocher prise sur AB. *Coupe prise sur CD.*

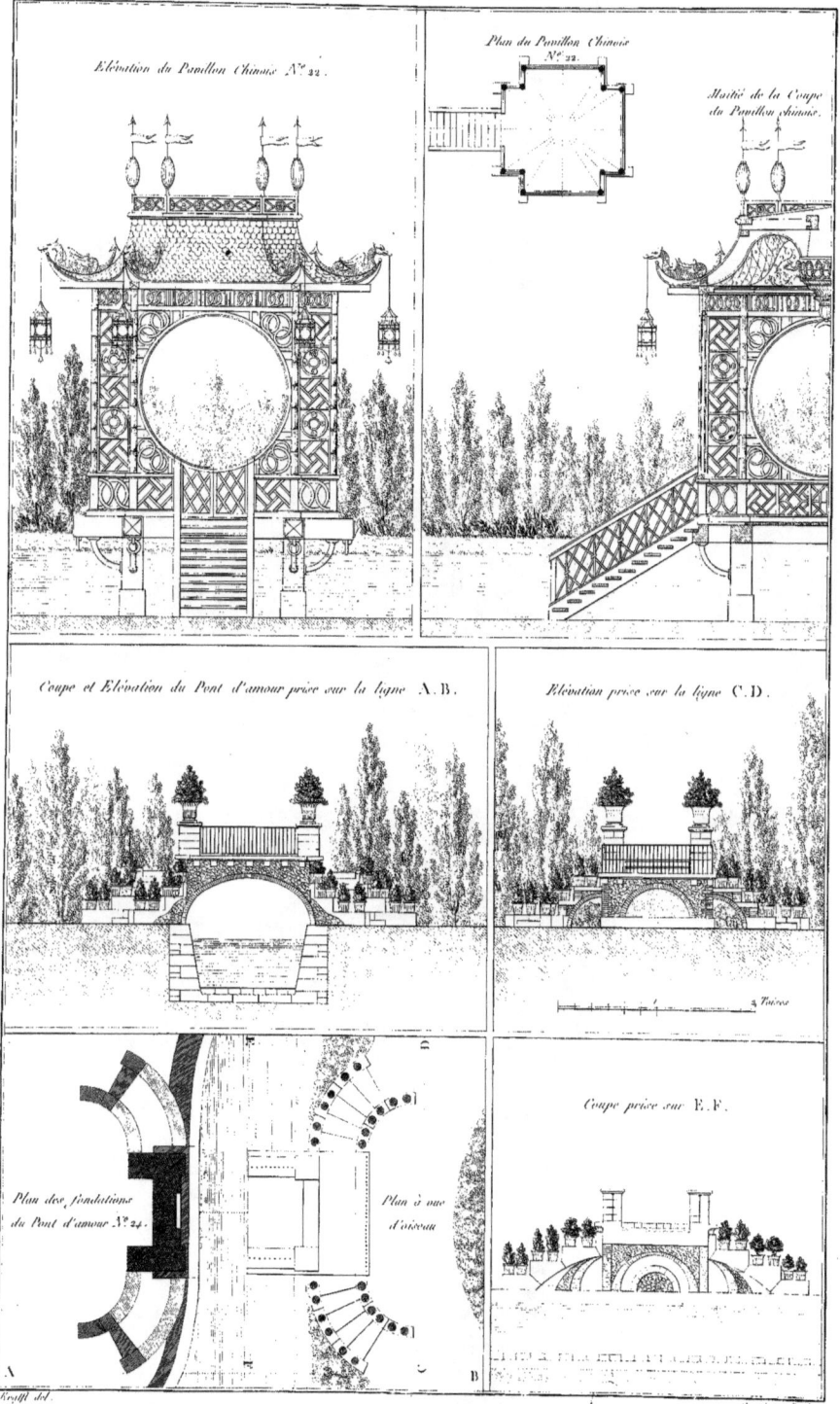

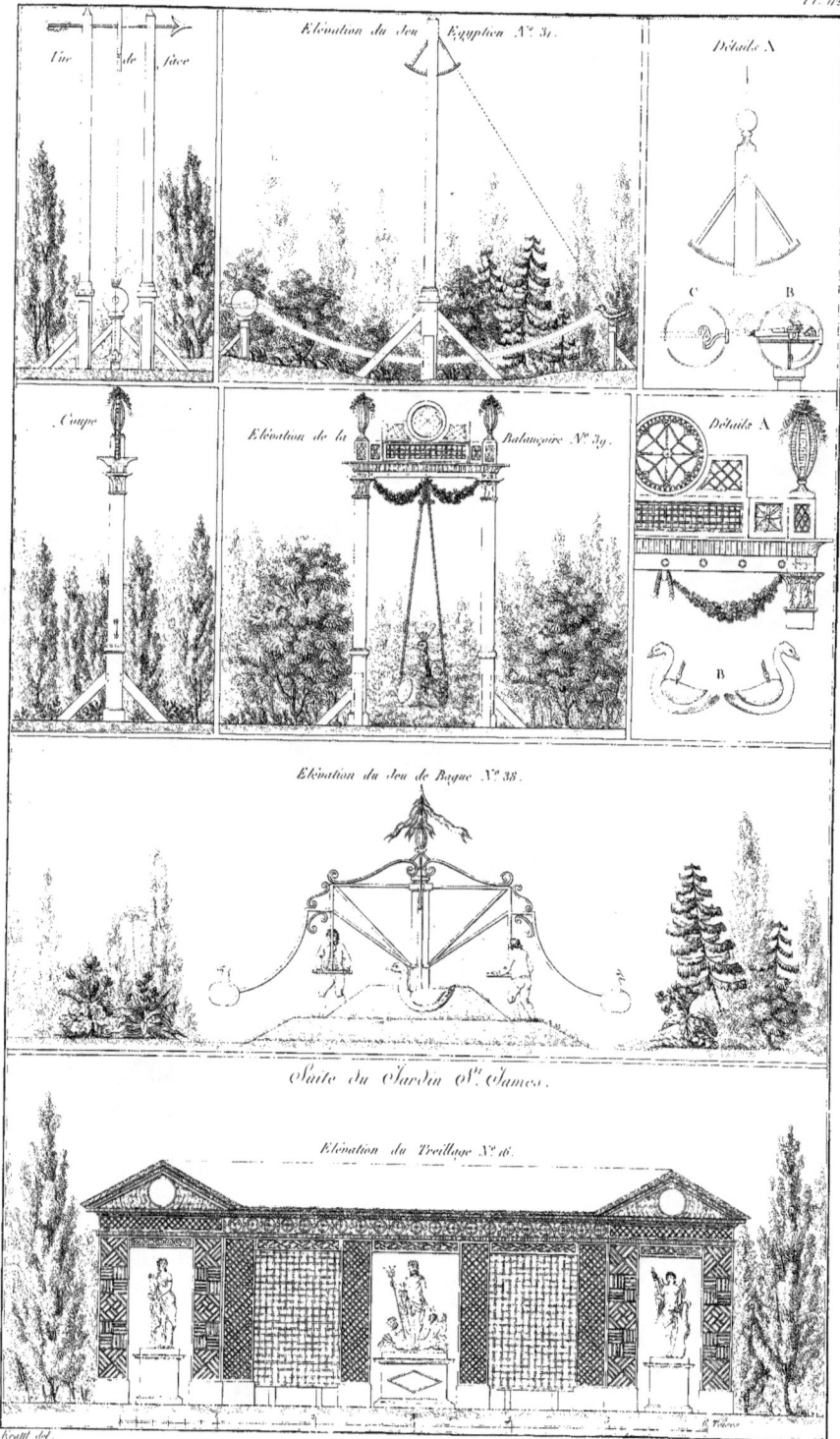

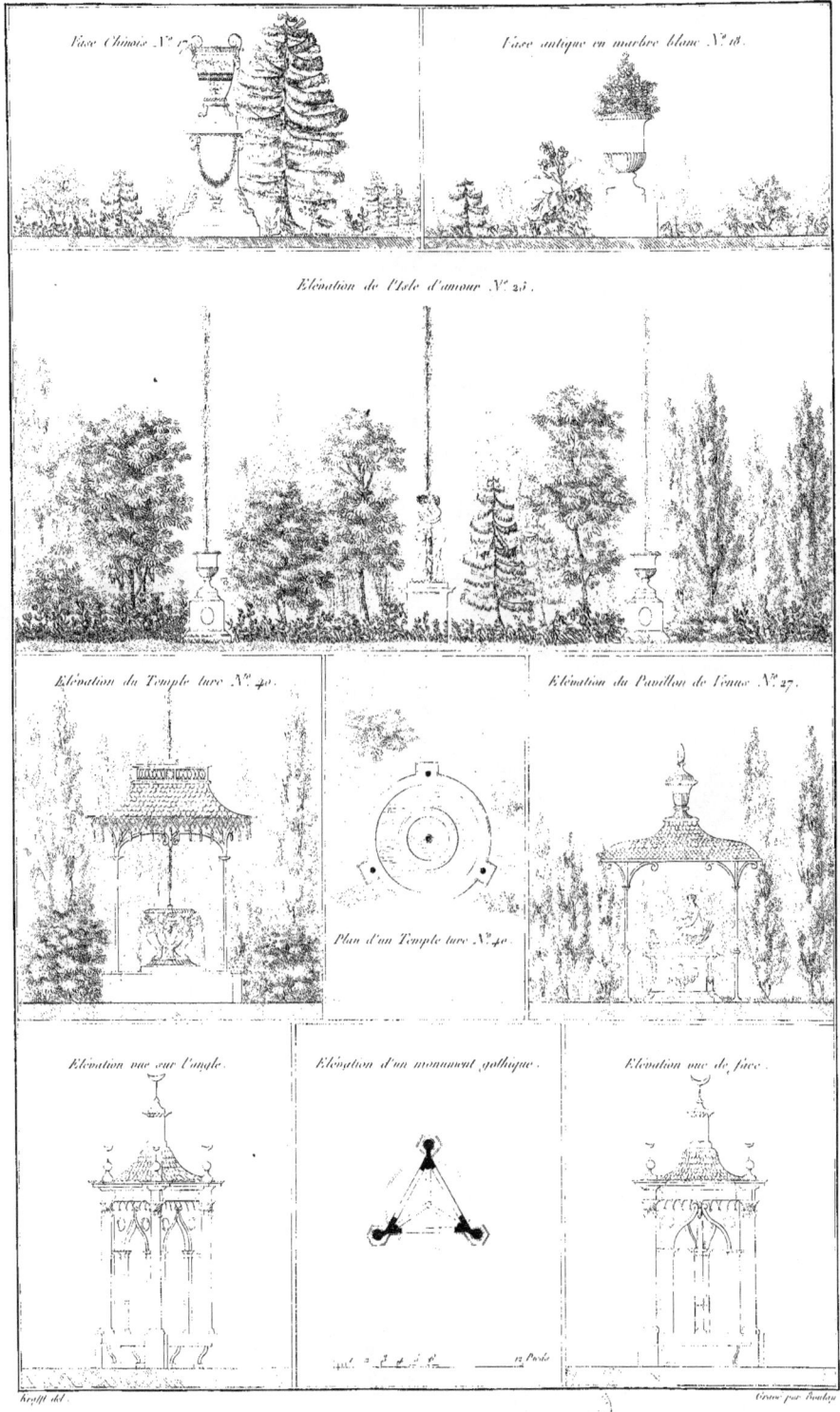

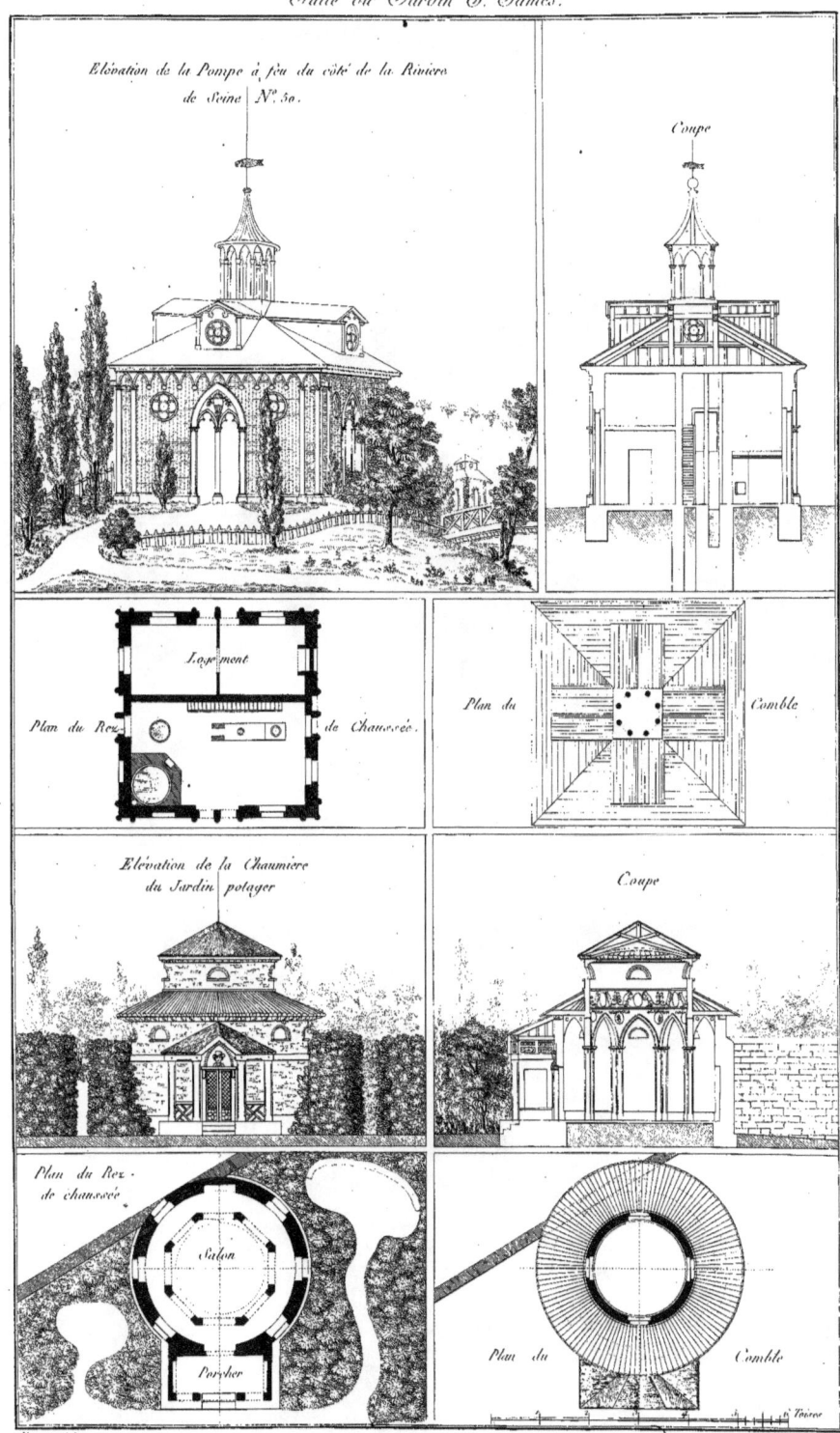

Cah. 20 — Plan Général des Souterrains, Rez de Chaussée et dépendances. Pl. 117

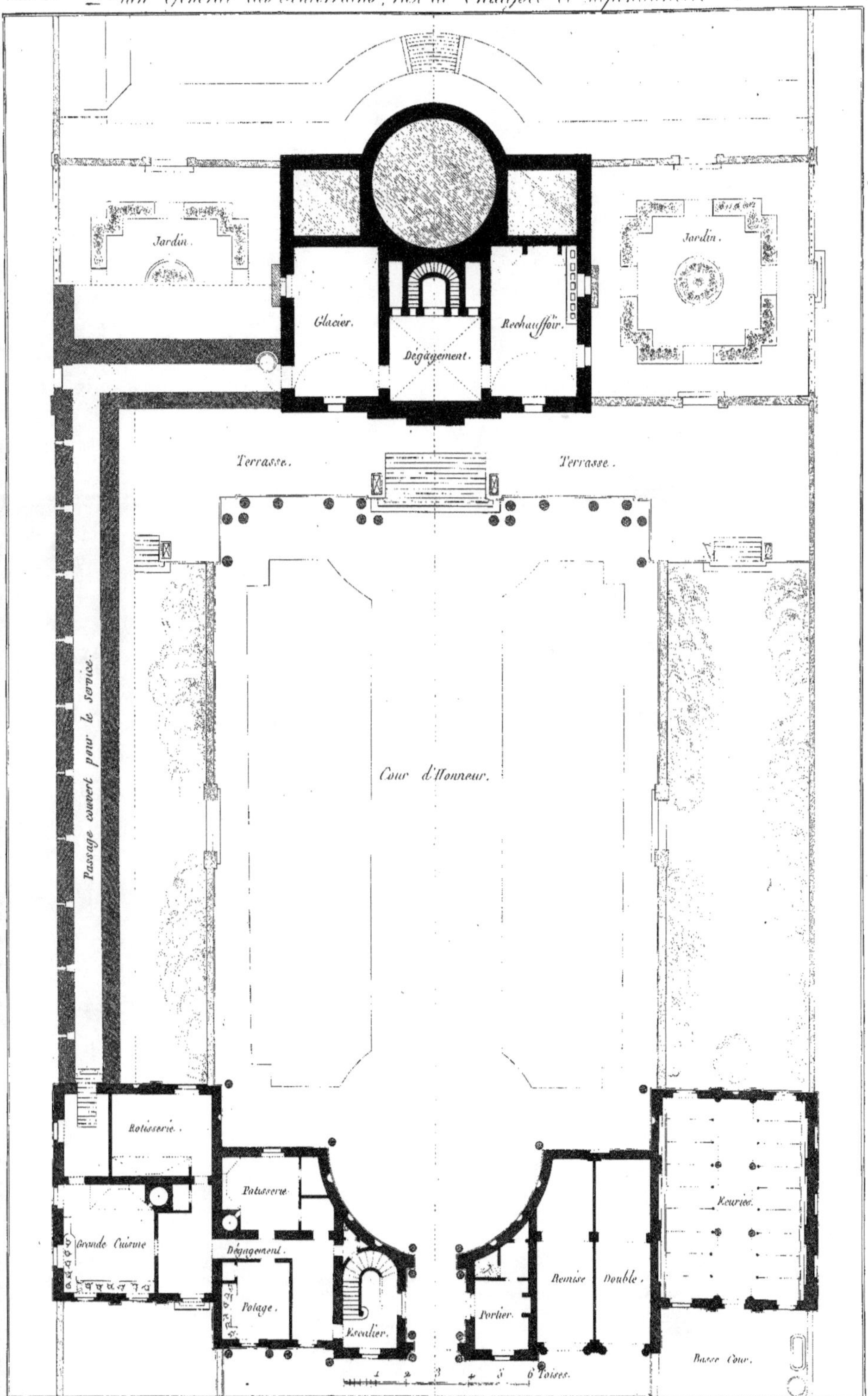

Jardin.
Jardin.
Glacier.
Dégagement.
Rechauffoir.
Terrasse.
Terrasse.
Passage couvert pour le Service.
Cour d'Honneur.
Rotisserie.
Patisserie.
Grande Cuisine
Dégagement.
Potage.
Escalier.
Portier.
Remise Double.
Ecuries.
Basse Cour.
1 2 3 4 5 6 Toises.

Lauffi. Lacroix sculp.

Vüe du pavillon de Bagatelle, sis sur le bord de la Seine, attenant le Bois de Boulogne, Bati par Belanger, en 64 jours, Année 1778.

Elévation côté de la Cour.

Elévation côté du Jardin.

Plan du Rez de Chaussée.

Plan du Premier Etage.

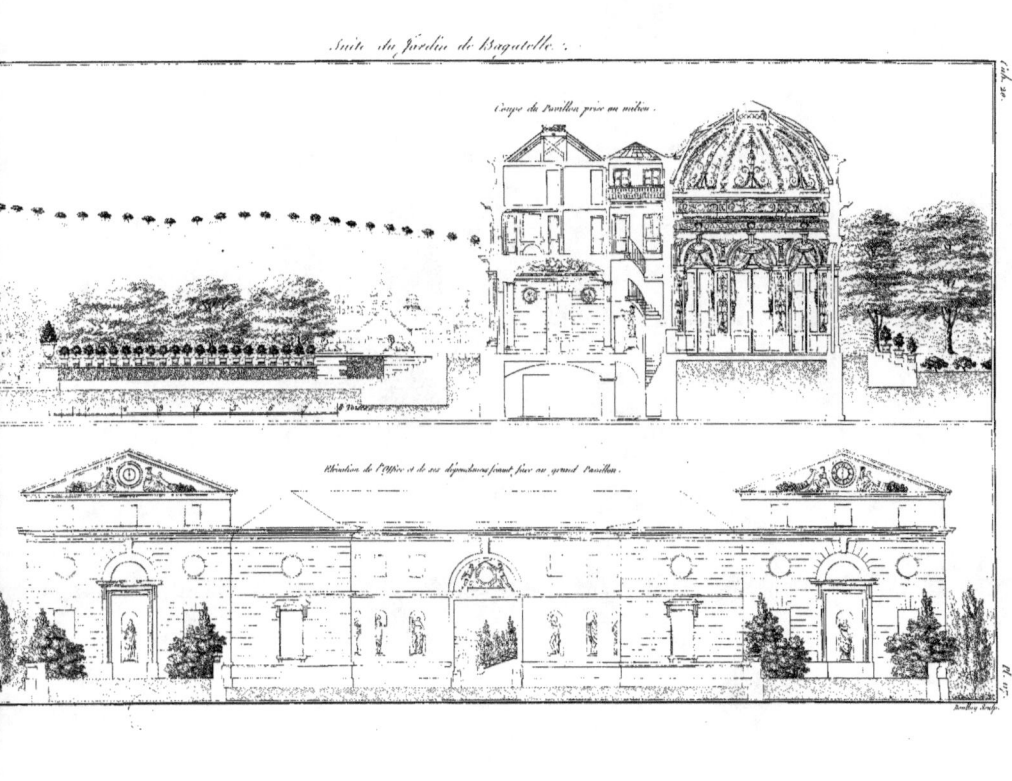

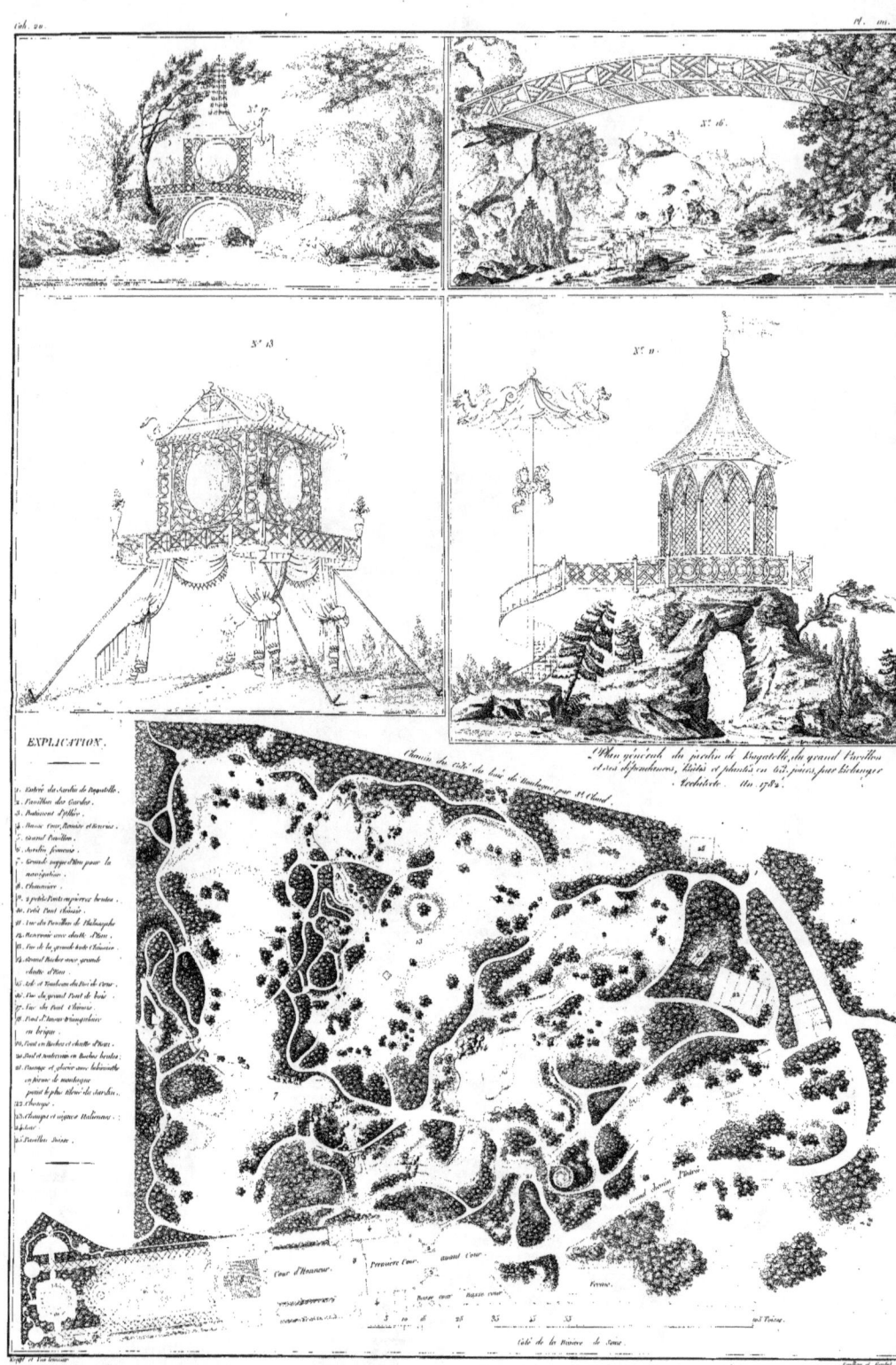

www.ingramcontent.com/pod-product-compliance
Lightning Source LLC
Chambersburg PA
CBHW070622170426
43200CB00010B/1890